出口 汪
Deguchi Hiroshi

大学入試

出口のシステム現代文

ベーシック編

水王舎

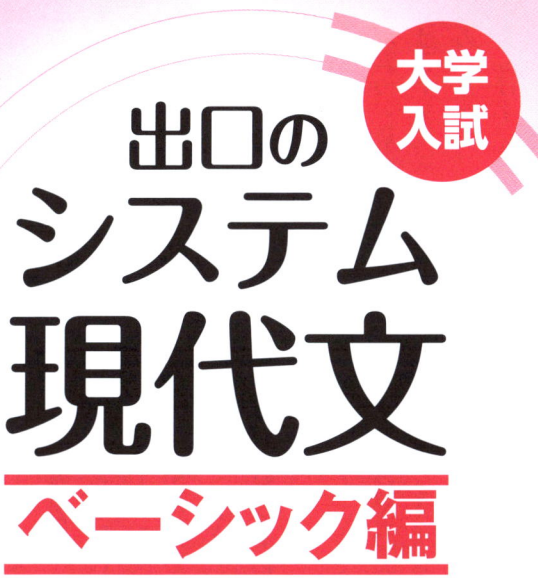

★ようこそ、出口現代文ワールドへ！

本書は、出口現代文の出発点であると同時に、諸君に新たな世界を開示するものでもある。評論や小説、さらには随想、融合問題に至るまで、文章の一貫した読み方、考え方、解き方を明確に示した。その意味では、他の曖昧模糊とした現代文の類書とは、明らかに一線を画している。

本書によって、諸君は今までとはまったく異なる現代文の考え方を知ることになるだろう。文章はすべて言語によって表現されており、私たちが言語でものを理解し、言語でものを考えている限り、**言語と思考は切り離すことができない。**それは、言葉の使い方からものの考え方に至るまで、否応なく及んでくる。

本書は「ベーシック編」の名の通り、ゼロから出発する。だが、それだからといって、レベルの低いものだと高《たか》をくくらないでほしい。本書は難易度の低いものを習得するためのものではない。いま述べた、**「言語＝思考」という、ものの根本を知るためのものである。**

そういった意味では、「ベーシック」とは基本というよりも、〝根本〟に近いと言える。将来、最難関校を目指す諸君の、最初の一冊として、本書の効果は絶大である。

諸君はまず**現代文の一貫した解き方を習得しなければならない。**野球を例にたとえるなら、まず、フォームを固めることだ。自己流に、行き当たりばったり、ボールを打ったり、投げたりしていては、安定した成績を残せるはずがない。

この基本フォームを固めるものとして、システム現代文では、**「バイブル編」**と**「ベーシック編」**を用意した。では、この二冊はどこが違うのか？

まず、難易度が異なる。これは考え方の難易度ではなく、選定した問題文の難易度である。**「ベーシック編」**

は、なるべく読みやすく、抽象度の低い文章で、それでも深みのあるものを厳選している。これは初学者の抵抗感をなくすための配慮だ。

さらに、「ベーシック編」は、現代文の根本である、**論理力と文脈力に絞り込んで、より深く、丁寧に解説した。**そして、「論理力」と「文脈力」を徹底して習得することにより、英語や古文、小論文など、他の科目への応用がスムーズになるように工夫してある。特に、第4部の「融合問題」は、ぜひ熟読してほしい。現代文とは何かという、根源的な問いが明らかになるに違いない。

こうした点から、この「ベーシック編」は、

1　現代文が苦手な人、今までの現代文の講義や参考書類では力がつかなかった人
2　現代文の勉強をあまりしたことのない人、現代文を根本から本格的に始めようとする人
3　難関校を目指す、高一・二年の人（意識が高ければ、中学生でも可）
4　理系の人

といった諸君にとって、福音の書となるであろう。

「バイブル編」は**難解な文章を通して、思考力を養い、あらゆる設問に対処する力を養成する**ことに重点を置いた。そのためには、ある程度、現代文という枠の中でものを考える必要があった。

それに対し「ベーシック編」は、**視野を広げ、現代文という枠を超えて、論理力や文脈力を養成する**ことを主眼とした。本書はその意味でもまさに革命の書だと自負している。

「ベーシック編」を習得したら、ぜひ「バイブル編」に進んでほしい。現代文の深さ、面白さ、さらにはさまざまな設問に対応する確固たる国語力を、諸君は確実にものにすることができるであろう。

★「システム現代文」シリーズ全体の構成

バイブル編

このシリーズの中核となるものであり、何度も学習して、完全に習得してほしい。諸君は「バイブル編」で現代文の解き方、考え方を身につけ、その上で質のいい問題を数多く解くべきである。「評論」の解法を中心に、最近出題の増えている「小説・随想」と合わせて、現代文解法の根本を徹底的に解説した。本書のマスターにより現代文の解法が一通り理解できる。

解法公式集

現代文は総合力を問うものであり、それゆえ、全体像を明確につかむことが困難な科目でもある。そこで、現代文解法の様々な要素を抽出し、それを公式化した。また、その公式を習得するために、多くの練習問題を添えた。諸君は絶えず公式を頭に置くことにより、現代文の曖昧さを一掃することができるだろう。本書は絶えず手元に置いて繰り返す座右の書となるに違いない。

私大対策編

難関私大特有の問題形式を徹底的に分析し、その方法を説いた。選択肢の処理の仕方、空所問題、抜き出し問題、脱落文挿入、段落分け、融合問題や擬古文の解法など、あらゆる問題形式に対処する力を養成する。難関私大合格を確実にする一冊と言える。

論述・記述編

国公立の二次試験に留まらず、私大型の記述問題から、要約・説明問題まで、受験生が最も独習しにくい記述・論述問題の解法を明快に解説した。東大・京大などの国公立受験生はもとより、立教・法政など、記述を重視する大学を受験する諸君にとって、最高の指導書となるだろう。

ベーシック編（本書）

高校一・二年、理系志望者、現代文の苦手な諸君対象である。比較的簡単な良問を通して、「理論」を習得していく。また、もっとも丁寧でわかりやすい解説を心がけた。苦手な諸君は、本書から入門して、「バイブル編」などシリーズの他の参考書へと進むのも有効な方法である。

実戦演習編

すべて著者の創作問題を使い、入試本番に備えて最後の総仕上げをする。問題文の一つ一つが宝石のような文章である。受験生の弱点を知り尽くした著者との知的勝負を楽しんでほしい。解くことが不可能な悪問もなければ、考える必要のない無意味な問題もない。本書には諸君の血肉となる栄養がぎっしりと詰まっている。本シリーズ中もっとも知的興奮を味わえる一冊である。

以上の六冊で、「システム現代文」は完結する。このシリーズによって、諸君の国語力は飛躍的にアップし、知的好奇心が刺激され、論理力が養成されることになる。これによって目前の入試突破はもちろんのこと、これからの時代をより鮮やかに生き抜くための武器を手に入れてほしい。そのことをいつも切に祈っている。

出口のシステム現代文

キミの志望校に応じて選べる

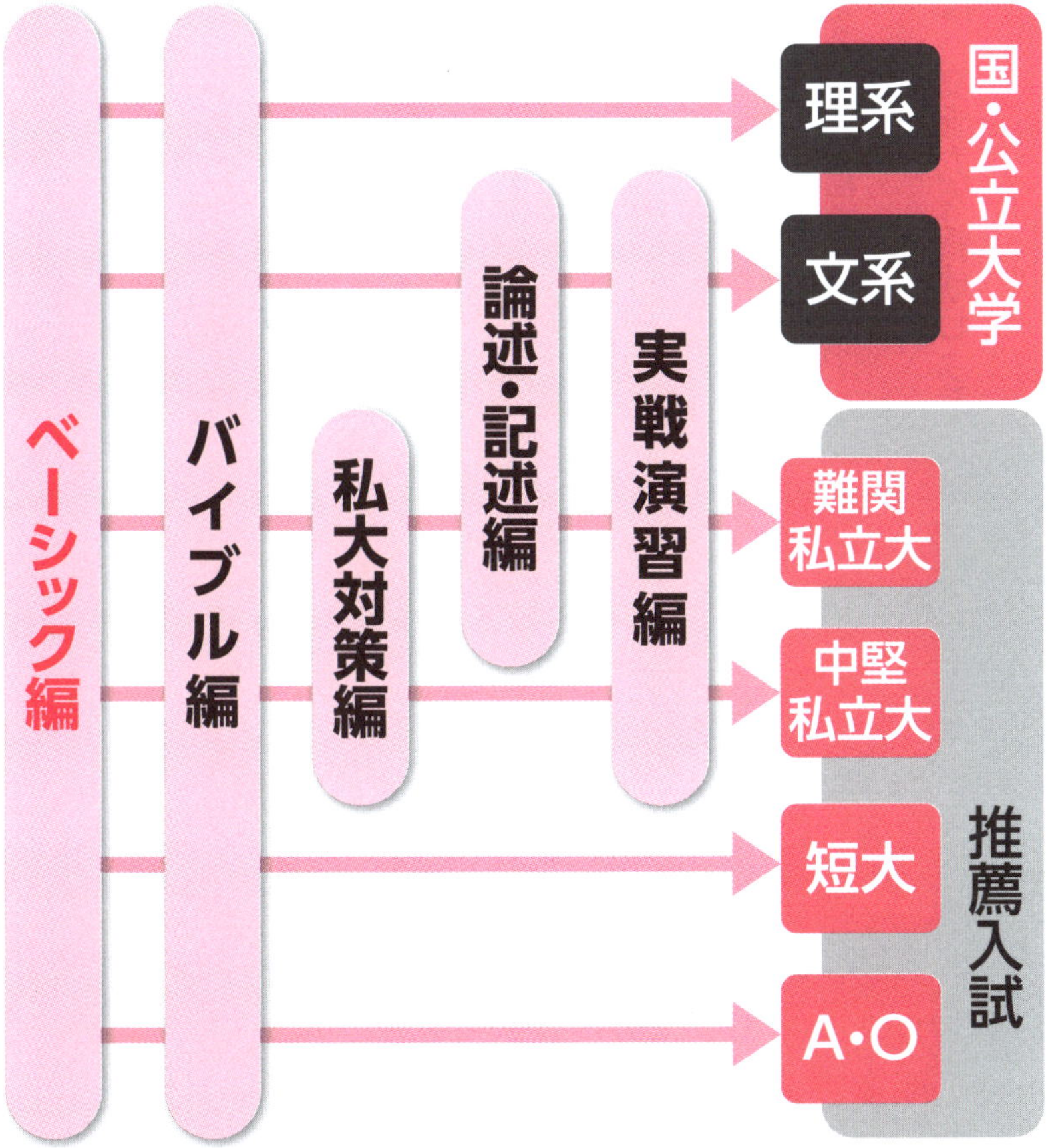

解法公式集（全編対応）

論理で書ける小論文（必要に応じて）

目次

★本書の利用法

1 「**ベーシック編**」では、現代文における本質的な問題を解説した。君たちはまず、別冊の「問題集」を手にして、**あまり時間にとらわれず、じっくりと問題に取り組むこと。**どの問題も大変重要であるから、**答えよりもプロセスを重視して、丁寧に考えること。**

2 問題を解き終えたら、自分の解いたプロセスを念頭に置き、丁寧に解説を読み取ること。**自分の解いたプロセスと著者の解いたプロセスと、どこが同じでどこが違っているのかを把握する。**この段階で諸君の解き方が徐々に変わり、一歩ずつ高得点獲得に近づくことになるのだ。現代文のもっとも重要な部分について詳細に解説してあるので、覚えるくらいに、じっくり読みこんでほしい。

3 ここからが大切である。諸君はここで満足せず、この「**ベーシック編**」を試験直前まで繰り返さなければならない。もちろん、「初めから解説を読み直せ」というわけではない。**問題文だけをもう一度読み、頭の中で著者の解法を再現してみる**のだ。そうして、自分で説明できないところだけ、再び解説を読む。これを繰り返し、すべての問題を自分で説明できるようになって初めて、現代文の本質をつかみ取ることができたと言えるのである。

なお、本書はこの一冊でも十分に現代文を攻略できるものであるが、なるべくすみやかに、既刊の**「バイブル編」**に進んでほしい。本書によって、諸君は現代文の学習をスタートしたのであり、決してゴールしたわけではないのだから。

さらに、このシリーズを進めるにしたがって、個々の知識や解法が有機的なつながりを持ち、諸君の読解力に、さらに磨きをかけることができる。ぜひ、同シリーズの他の編を手に取り、何事にも揺らぐことのない、確固たる読解力を身につけてほしい。

★著者とみなさんの橋渡しとして、本文中に14の「チューター・メモ」欄を設けました。執筆してくださったのは、みなさんと同じく「出口現代文」を学び、合格した先輩です。

チューター紹介

山本久美子さん
東京大学 文学部卒
(広島県・ノートルダム清心高)

こんにちは。これから一緒に現代文を勉強し、機会《おり》に触れてアドバイスをしていくチューターの山本です。

私が出口先生と出会ったのは、高校一年の時ですが、その時何に一番驚いたかというと、現代文の問題すべてが根本のところで一つだと分かったことです。それまで現代文といえば、一つの問題が終わればそこまでで、互いの関連性など考えたこともありませんでした。ところが先生は、単にその問題の解き方だけでなく、近代化や自我など現代の様々な問題についても解説してくださったのです。こうして得た知識は、現代文のあらゆる問題だけでなく、他の科目にも応用できました。その結果、私はほぼすべての科目を武器にして、大学に合格できたわけです。

それもこれも先生の教えあってこそ。この本を通じて、みなさんも一緒に頑張っていきましょうね。

★プロローグ

――学ぼうとするすべての人に伝えたいこと

今から、一分間でいい。一切言葉を使わないで、何でもいいから考えたり、感じたりしてごらん……。

……………………

どう、できた？　「暑い」「眠たい」「疲れた」、あるいは、「いきなり何を言いたいんだろう？」と思った人、言葉を使わずに、思うことができただろうか？「難しい」も「分からない」も、みんな言葉。……できないよね。

言葉を使わずに、何かを考えたり、思ったりできる人など誰ひとりいない。なぜなら、物事の認識には、すべて言葉が伴うから。言葉がなく、物事が認識できない状態、それを「カオス（混沌）」という。私たちはみな、**無意識のうちに言葉を使って、ものを考え、感じているのだ。**

そういった意味では、すべての始まりは言葉にある。

言語＝思考
言語＝感覚

なのだ。

その言葉を、君たちは普段どのような使い方をしているだろう？　ただ何となく漠然と使っていないだろうか？　そういった人は、漠然としかものを考えることができない。曖昧な言葉の使い方をしている人は、曖昧にしか考えることができないのだ。怖いのは、そのことである。

＊言葉とは物事を整理するものだ

それだけではない。

本来、世界はすべてカオス（混沌）だった。聖書に「初めに言葉ありき」といった文句があるが、言葉の成り立ちを考えるとき、この文句は実に魅力的なものである。

もちろん、人間がこの世に誕生する前から、天と地はすでに分かれていたはずだ。だが、言葉が発生しない限り、天は天ではなく、地は地でない。すべてが、カオスだ。「天」という言葉が生まれた瞬間、「天」と「天でないもの（＝地）」が分かれたのである。

まさに、「初めに言葉ありき」で、人間は言葉によって、「天」や「地」を分けていったのだ。

つまり、もともとのこの世の自然状態はカオスで、人間は言葉によって、それを整理していったのである。

だから、私たちは今でも言葉によって物事を整理している。**言葉の扱い方は、そのまま私たちの世界に対する整理の仕方、認識の仕方を表しているのだ。**

ということは、曖昧な言葉の使い方しかできない人は、世界を曖昧にとらえ整理しているわけで、言うならば、カオスの中に生きているのである。

そういった人が、果たして現

閑話休題　世界を豊かにする古文

君たちは、なぜ古文を学習するのか。古文の勉強は、現代社会ではたして役に立つのだろうか？　……この答えは一つではない。それほど、古文を学習することには、様々な意味がある。

私は幼稚園のころ、初めて二十四色のクレパスを買ってもらった。何て美しい色だろうと思ったものだ。そのため、使うのが惜しくて、いつまでも眺めていた。

ところが、やがて成長し、ある時、古文の文章の中に、浅黄《あさぎ》色という言葉を見つけた。この「浅黄色」はクレパスにはない色だった。

この時、私は不思議な目眩《めまい》に似た感覚を覚えた。それまで私の世界には二十四の色しかなく、この世のあらゆる色を、赤、青といった二十四の言葉を通して認識していた。ところが、浅黄色という言葉に出会った瞬間、私の世界のとらえ方が変わった。より豊穣《ほうじょう》なものに思えてきたのだ。

古文ほど豊かで繊細な文章は、世界のどこにもない。「美しい」という概念でも、豊かな言葉で様々に使い分けされている。つまり、古文に触れることで、私たちは自分の世界をより美しく受容できるのだ。

こうしたとらえ方をする言語教育が、なぜ今までなかったのだろうか。

……疑問だ。

代文を理解できるだろうか？

　現代文は、ある程度抽象性を持った文章を、限られた時間内に、正確に理解することを要求される。そして、その現代文が分からないということは、そのまま大学での学問ができないということにもつながるのだ。なぜなら、大学とは、自分の専攻する学問を、論文という形で提出することを最終的な目標とする場であり、その論文を書くにあたっては、抽象的なものを理解する能力が必要となるからである。というのは、学問自身が、抽象的なものにほかならないからだ。

　大学を目指して勉強を重ねながら、その大学で必要とされる能力が身についていない。それは、本当に恐ろしいことである。

　今、日本人の平均寿命は九十歳に近づいている。君たちが老人になるころには、百歳を楽に超えている可能性もある。であれば、君たちはあと八十年も、曖昧な言葉を抱え、漠然とした頭の使い方をし続けるのか？　何となく、この世界をカオスとしてとらえていくのだろうか？
　私が現代文という怪しげな科目を教えるとき、いつも脳裏にあるのは、このことである。脳細胞のまだ若い内に、**言葉の使い方、論理的・抽象的思考能力を鍛えた人間は、一生正確に、その上豊かに、世界をとらえていく**だろう。

＊すべての学問には、論理がある

さて、私たちが相手に意志や感情を伝達しようとするとき、そこには二つの方法がある。言葉を使う使わないにかかわらず、感覚で伝えるのか、論理で伝えるのかだ。

感覚という方法は、より早く相手に伝達することができるが、そこには致命的な欠陥がある。それは、自分の感覚が通用する限定された相手としか伝達は容易でないし、しかも、そこにはいつも誤解の可能性がつきまとうということだ。

論理は国籍、民族、性別を超えた伝達手段である。

だが、**論理は国籍も民族も性別も超える。**論理の持つ普遍性は、これからの国際化の時代に向かって、さらに時代を超えて、私たちの知的財産を後世に伝えるために、なくてはならないものである。

あらゆる表現には、論理がつきまとう。私たちは感覚によっても物事を受け取ることができるが、それと同時に論理によって物事を理解しているのだ。そして、世界の至る所で相手に理解してもらおうとするとき、そこには何らかの論理が介在する。

だが、今ここで問題にするのは、そのことではない。ヨーロッパ言語の持つ強力な論理性こそが、問題なのだ。

明治の文明開化、啓蒙化のなかで、私たちはいち早く西洋の言語を自分たちの言語の中に取り込んできた。そして、もともと自分たちの言葉（日本語）にない抽象的概念を表現する際には、漢語を巧みに利用することで、自身の言語を変えたのだ。

そうした変貌を繰り返してできたのが、今の現代文である。しかも、この変貌は形式面だけではなく、西洋の論理という、本来異質なものを私たちの中に取り込んだ結果の内面的なことだった。つまり、**今日の現代文は、西洋の論理性に支えられている**のだ。

また、事はそれだけに済まない。私たちは西洋のあらゆる学問を移植した。それらの学問もまた、西洋の強力な論理性に支えられているのである。

西洋の人々というのは、他者不信の社会のなかで育っていく。家族であっても、個を自立することによって、ある意味では他者という認識を持つことになる。個の権威を確立し、その上で自分の意志や感情を伝達するという伝統のなかで、彼らは人間形成を行っていく。

それに対し、私たち日本人は同質社会のなかで、感覚を中心とした言語を習得してきた。現在の国際社会のなかでさえ、若者たちの言語は、よりいっそう感覚的になりつつある。それはそれで、日本のアイデンティティーととらえるならばかまわない。

しかし、私たちは人生のどこかで必ず西洋の論理性に直面する。私たちの言語が、学問が、すべて西洋の論理を内在している限り、これは避けては通れない問題なのだ。だが、私たちにそのことに対するどれほどの自覚があっただろうか。現代文だけでなく、英語、数学、小論文などすべてにおいて、私たちは論理を意識することなく、それをただ技術的な問題として処理してきたのではないか。

言語を使用しない教科は存在しないし、論理の介在しない学問はあり得ない。そして、大学とは、論文を読み、書くという作業をする場なのだ。その自覚を基に、現代文という教科を、もう一度根本から見直してみる必要があるのではないだろうか。

本書は「ベーシック」と位置づけているが、その内容は決して簡単なものではない。本書は君たちがより深い知の領域に入っていくための、豊穣な人生を手に入れるための指針となるものである。その意味では、**「基礎」ではなく、「根本」であり、「本質」を伝えるもの**だ。

だが、それをより易しく、深い文章を通して、どんな参考書よりも丁寧に説明しようと試みた。言語や論理の問題、心情把握の問題、こういった根本的なものを、なるべく君たちの知的関心を呼び起こす教材を通して、分かりやすく伝えたい。……その意味で、本書は革命の書である。

君たちには、大きな視野のもとに、現代文の枠にとらわれず、さらなる知の領域に進んでもらいたい。その足固めとして、**「ベーシック編」**を通し、設問の解法など現代文の個々の問題に対処する中で、洞察を深めていって欲しいと思う。

第1部

論理的読解力を養成しよう

この第1部では、論理の追い方を徹底的に練習しよう。論理的に読み解く力さえ身につけば、道筋をそれることなく、問題文の主張から設問の意図まで、確実につかむことができるようになるのだ。

問題を解く前に

論理の正体をつかむ

今回は、まず「現代文とは何か」というオリエンテーションから始めよう。実体をハッキリつかまないことには、いくら解法を頭に入れたところで、それらが何のための解法で、なぜ用いられているか理解できず、結局身に付かずに終わってしまう。そうした無為な努力をしないためにも、根本的な部分を把握することが必要なのだ。

入試現代文の正体

現代文という名の科目、これは、実に不思議な科目である。いったい何を勉強し、どのような能力が試されるのか？

諸君のほとんどが、この問いに対する答えを持たず、現代文をつかみ所のない、曖昧な科目と考えているのではないだろうか？　そのため、何を、どのように勉強したらいいのかさえ分からない。

ところが、現代文ほど、単純な性質の科目はないのである。まずは、そこから話を始めよう。

現代文という科目は、受験生のどんな能力を試そうとするのか？　その答えは、実に簡単だ。**現代文とは、与えられた文章の内容を、時間内に正確に理解したかどうかを問う**のである。

こう言うと、「何だ、当たり前じゃないか」と諸君は思うかもしれない。しかし、実は問題はここからなのだ。君たちは特別な訓練なしに、普段、新聞や週刊誌、さらには小説を難なく読むことができる。その結果、「現代文なんて所詮は日本語だから、何も勉強しなくても何とかなる」とうそぶくことになる。

だが、ただ読むだけでなく、決められた時間内に正確な内容を理解するとなると、話は別である。何となく読みとった文章の内容を、果たして人に正確に伝えられるだろうか？　相手に説明できるレベルで読みとっているだろうか？

相手に説明できるほど正確に内容を読みとること、これが入試現代文で求められている力だ。したがって、そうした読み方をしない限り、現代文の様々な設問に答えることはできないのである。

現代文とは与えられた文章を時間内に正確に理解したかどうかを試されるものである。

では、正確に文章を読みとるにはどうすればいいのか？　それは、評論なら評論、小説なら小説と、その文章の特質を踏まえた読解を試みることである。とにかく、日本語だから何とかなるといったレベルでは、とても入試には通用しない。

この第1部では、ひとまず評論に絞って、その読解法を説明していこう。

なぜなら、入試問題の大半が評論であるだけでなく、**評論問題を解くことによって、本書の主眼である論理的思考力を手に入れることができる**からである。

というのは、そもそも評論とは、一般の人向けに書かれた論文の一つで、論理で説明されたものである。つまり、そこには必ず、何らかの論理パターンが存在する。すると、正解を導くためには、その論理構造を押さえなければならない。したがって、正解に至ることの行為そのものが、論理的読解力習得のステップと言えるからだ。

論理とは何か?

さて、論理とは何か？　**論理とは、**

出口の"差し出口" 曖昧さの原因

国語に関する曖昧さは、大学側の要求する能力と高校側、ひいては受験生との意識のズレにあると思われる。

大学の入試問題を見る限り、さらに、大学の関係者の話を聞く限り、大学側は受験生に対し、論文を読み書きする能力を求めていることは明らかである。難関大学になればなるほど、その傾向は顕著だ。

ところが、高校側には論文に対する意識は希薄である。したがって、国語という漠然とした科目を、明確な目的意識を持たずに、指導要領に沿って教えているというのが現状である。これは、大学が論文を作成する現場であるのに対し、高校では論文を作成することがほとんどないという事情から来るものなのであろう。

また、大学側もそうした能力を見たいのなら、入試で本格的な論文を課せばいいのであるが、文科省や高校の履修科目に縛られているため、小論文試験という限られた方法でしかそれを実現できないでいる。しかも、小論文試験は採点が厄介な上に、それを試験に課すと、論文に不慣れな受験生が離れていく怖れもある。

その結果、大学側は現代文という高校の履修科目の名で論文を読み書きする能力を問い、それにも関わらず、受験生は現代文だから所詮日本語だという意識しか持っていない。こうした意識のズレが、現代文という科目を扱いにくいものにしているのだ。

筋道のことである。

では、なぜ筋道を立てるのか？　それは、**自分とは価値観も異なり、感覚が通用しない不特定多数の他者に、自分の考えを説明するため**である。

こうした論理は、どの国の言語にも共通なものであるが、それがより鮮明に現れているのは、ヨーロッパ言語であろう。

たとえば、アメリカ社会を想起すればいい。自分の隣で暮らしている人は、白人、黒人、あるいは黄色人種であるかもしれない。人種も民族も宗教も文化も価値観もすべて異なっている人間で形づくられている社会。そういう社会では、お互いに感覚など通用しないのである。

こうした状況は、我々の住んでいる日本では考えられないことだ。したがって、他者という言葉があるが、その言葉の背景にある、お互いにどうあっても理解し合えないという絶望感を、私たち日本人はなかなか理解できないのである。

だが、ヨーロッパ社会は、そういった他者と一つの社会を構築しなければならない。その時、彼らにとっての唯一の共通するコミュニケーションの手段が、論理なのだ。

そのため、ヨーロッパ言語の多くは、最初に疑問詞が来る。イエスかノーかを最初に要求する。これは、相手を感覚的に理解できないため、まずお互いの立場を明確にしなければ、何事も関係を取り結べないという、多民族国家ならではの事情によるものなのだ。

一方、日本語の場合は、肯定文か疑問文か、あるいは否定文かは、すべて文末で決定する。これは島国という同質社会の中で、他者という意識が希薄だからである。つまり、ヨーロッパと日本では、文化的背景が全く違い、そのため本来の言語形態も全く違うものとなっているのだ。

だが、文明開化を経て、ヨーロッパ言語の持つ論理性が明治以後日本語に入り込み、日本語それ自体を変えてきた。そうして生まれたのが、現代文である。そういった意味では、現代文は古文よりもむしろ、英語に近いと言えるだろう。

また、**論理とは、複雑なものを単純化する行為である**とも言える。そして、どの科目でも、その底流には、ある種の論理がしっかりとはめ込まれている。どんなものであれ、それが学問にかかわっている限り、論理という約束事によって成り立っているのだ。

もちろん、その論理の扱い方、あるいは約束事は、科目によってそれぞれ異なっている。だから、現代文で論理を追えるようになったからといって、突然数学ができるようになるわけではない。だが、現代文で論理的な思考を鍛えることによって、他の科目も、論理的に理解する能力が強化される、そのことが、私には何よりも重要だと思えるのだ。

なぜなら、論理が複雑なものを単純化するものである限り、そ

して、あらゆる科目が論理という約束事で構築されている限り、その**論理を手がかりに物事を考えていくのが、最も有効な学習法**だからである。

たとえば、言語教科を考えれば、そこで扱われる文章には、様々なレトリックが宝石箱のように散りばめられている。しかし、そこに目を奪われてはいけない。論理をつかむことによって、単純化することが必要なのだ。それが、英文における速読にもつながっていく。

数学でも事情は同じである。まず問題が与えられるわけだが、時にはそれが文章題であったりする。この時、その言語情報から素早く論理を読みとり、それを数式に還元する。この段階で、すでに複雑なものを単純化しているのだ。そして、その数式を計算することにより、さらに単純化する。最も単純化した形が、数学の答えなのだ。

閑話休題

論理は頭を使う?

よく、授業で「論理」というと、考えるだけで頭が痛くなるという人がいる。

しかし、実は全く逆なのだ。私は頭を使いたくないから、論理を利用するのである。なぜならば、すべての物事は論理という約束事で成り立っているからだ。

言葉にはすべて意味があり、その意味は何らかの情報を受け持っている。もし、論理を利用しなければ、すべての意味、情報、そしてその関連性を、自分の頭で処理しなければならない。

だが、現実にはそれは不可能で、しかも試験という制限時間のなかで物事を正確に処理するには、手に余ってしまう。そうすると、結局、頭の中がごちゃごちゃし、自分勝手な思いつきで設問に答えていくしかなくなってしまうのだ。

頭を使うことでそうした事態に陥らないように、私は論理を追っていくのだ。そして、複雑な文章を単純につかみ取る。いったん単純化してしまえば、難しい文章など、この世に一つもないのである。

このように、**複雑なものを単純化する思考が身につけば、余分な部分に振り回されず、物事の核（本質）を、素早く的確につかむことができるようになる**のである。

本書ではこの論理的思考力の養成に重点を置き、それを自在に扱うことで、現代文だけでなく、英語や古文、漢文の読解力までも鍛えていこうと思う。さらに、それを駆使して、小論文が楽に書けるようになることを目指していこう。

主張とは何か

論文とは、自分の主張を他者に説明するために書かれると言うことは、先ほど述べた。この〝主張〟とは、ある種の普遍性を持ったものである。

分かりやすく言うと、たとえば、今夜ラーメンを食べようか、カレーにしようかといったことは、主張にはならないということだ。なぜなら、そこには普遍性がないからである。論文で主張となるのは、芸術の普遍性とか、近代の終焉といったものである。**普遍性を持つ**、これが第一の条件。

また論文では、主張は必ず論証されなければならない。というのは、全ての人が納得できる主張など、あろうはずがないからだ。このように、論文の主張とは**論証責任を伴う**ものなのである。

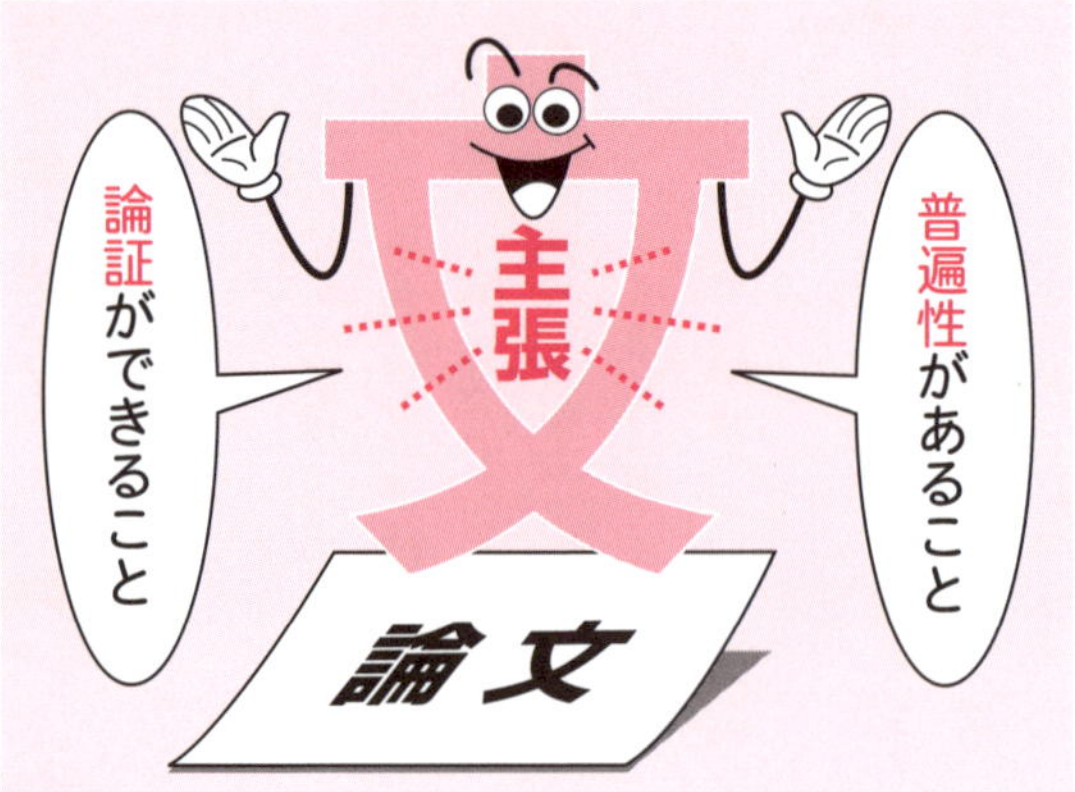

論文における筆者の主張とは、ある種の普遍性を持ち、論証責任を伴うものである。

論文とは、自分の主張が相手に理解されないことを前提として書かれるものだ。だから、筆者は、いかなる人も理解できるよう、筋道を立てて説明するのである。

その際、その筋道の立て方は、大きく分けて二つ。自分の主張を繰り返す場合と、対立する考えを持ち出してくる場合で、これらは併用されることが多々ある。

筋道の立て方

① 同一命題の反復

筆者があることを不特定多数の他者に向かって主張したとしよう。その主張を分かってもらうために、筆者は筋道を立てて説明するわけだが、その際、主張の裏付けとなるものを持ち出してくる。それが、具体例やエピソード、引用だ。主張の正当性を訴えるために、具体的事例を引っぱり出し、たたみかけるわけである。

であれば、主張の論証材料として持ち出されるこれらは、論理の観点からすると、主張のくり返しにすぎないと言える。

こうした論理構造を、私は「同一命題の反復」と呼んでいる。したがって、筆者の主張をAとし、具体例やエピソード、引用などをA′として公式化すると、そこにはA＝A′という関係が成り立つのである。

★同一命題反復のとらえ方

A　筆者の主張

＝（イコール）

A´　具体例・エピソード・引用

② 対立命題の提示

筆者の筋道の立て方のもう一つのパターンは、自分の主張と対立する考え・見方などの提示である。ここで注意してほしいのは、あくまで筆者の主張は一つであるということ。基本的には自分の主張を論証するために対立するもの（以下、対立命題〈O〉とする）を持ち出しているにすぎないのだ。自分の主張をより際立たせるために、対立命題が持ち出されるのである。

主張と対立命題の双方が重要なのではない。**重要なのは、あくまで筆者の主張**であることを忘れないようにしよう。

★対立命題のとらえ方

A　筆者の主張

⟷

O　対立命題（主張と対立するもの）

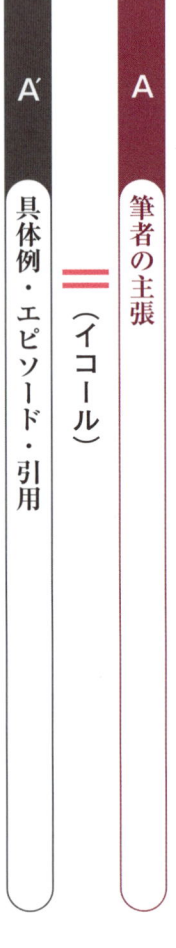

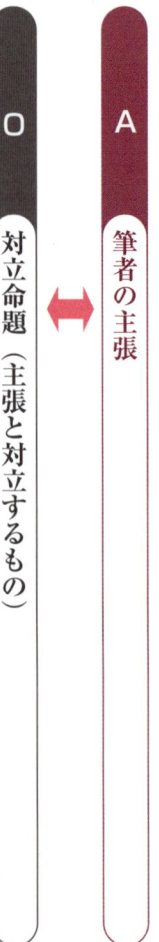

具体的には、日本について主張したいから西洋と比べたり、環境保護について訴えたいから、それと対立する意見を持ち出す、などである。

この対立命題を持ち出すパターンには、大きく三つがあるのだが（**「解法公式集」58ページ**）、とりあえず、論文における主張は論証責任を伴うこと、そして論証するとは具体的にどういうことかにしぼって、論を進めていくことにしよう。

チューター・メモ

現代文を解くにあたって大前提となるのが「筆者の主張を把握する」という作業です。皆さんは、これから様々な問題にアタックして、現代文の「読み方」「解き方」を学んでいくわけですが、筆者の主張をきちんと捉えていないと、どんなに優れた解法を知っていても意味がありません。しかし、これは逆にいうと、筆者の主張を掴むことができれば、どんな問題にも太刀打ちできるということです。

さて、筆者の主張を把握するには、文章の論理的つながりから筆者の主張を割り出すという技術が必要になります。といっても、入試現代文の論理パターンはそんなにたくさんあるわけではありません。こつこつ問題にあたって論理力を鍛えていけば、現代文の成績は必ず上がります。「現代文って、意外と簡単なんだな」と思える瞬間が来たら、皆さんの勝ちです。一緒に頑張りましょう！

ベーシック演習1

論理パターンを押さえて、先の展開を予測しよう

ここからは、プロローグで学んだことを意識し、演習を通して論理を追う練習をしていこう。27ページでも述べたように、同一命題反復と対立命題提示は、併用されることが多い。今回の問題もそのパターンだ。何が命題で、何が対立命題となっているかを把握することが重要である。

今回の問題は、非常に基本的だ。しかし、だからといって、決して油断しないこと。大切なのは高得点をとることではなく、簡単な問題を通して、論理のつかみ方を知ることである。

とにかく、丁寧に文章の論理構造を追ってほしい。今は、大切な基本フォームを固める時期なのだから。

問題1 加藤　辿《たどる》『資源からの発想』（別冊問題集3ページ）

目標

1. 対比構造を把握する。
2. たとえの役割（A′からAを探す）を認識する。
3. AからBの論理パターンをつかむ。

全体を把握しよう

まず第一段落で、二つの論理構造を読みとらなければならない。

冒頭は料理の具体例A′（この場合、たとえ話でもいい）から始まっている。このように、A′から始まった文章は、Aを探して読んでいくのが、鉄則である。では、どうやれば、Aを探せるのか。

ここで主張の定義を思い出してほしい。**論文における主張とは、現代に関して、筆者がある種の普遍的な意義を提示したもの**である。であれば、A′料理の具体例（たとえ話）を、どこかで一般化、普遍化しているはずで、そこが主張である。

解法ルール1 具体例から入った文章は、主張を探して読め。

すると、段落④の冒頭に「**これまでの近代産業技術は……**」とある。話題が料理から近代産業技術へと変わっているのだ。したがって、実は筆者の主張は近代産業についてであって、料理ではなかったということが分かる。

逆に言うと、近代産業の話に筆者の主張があり、それは論証責任を伴うため、まず料理の具体例から入ることで、筆者はその責任を果たそうとしたのである。

A´ 料理の具体例

↓

A 近代産業について

そして、段落①で読みとるべきもう一つの論理は、**対比**である。何と何の対比かというと、……そう、初心者の料理とプロの料理だ。

初心者は作りたいものをまず決め、それに必要な材料を買いに行く。それに対し、プロはまず市場をのぞきに行き、その日に入荷した一番新鮮な材料を見つけ、それを活かす料理を考える。この両者のタイプを筆者は、「**技術からの発想**」（＝初心者）と「**資源からの発想**」（＝プロ）と、段落②で普遍的な表現にしている。後は、このことを形を変えて繰り返していくだけだ。

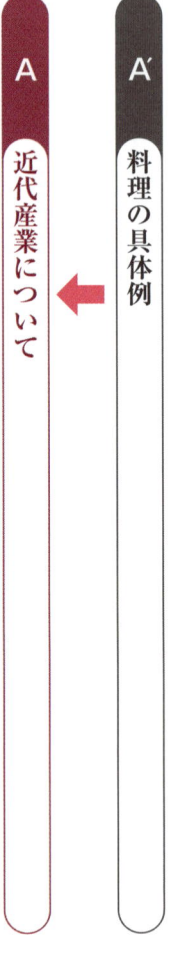

初心者の料理　技術からの発想

⟷ 対比

プロの料理　資源からの発想

さて、先ほども言ったように、段落④で話題が一般化へと導かれるわけだが、そうするとこの**対比構造も「近代産業技術」へ一般化される**と考えられる。筆者の主張は、あくまで「近代産業」についてだからだ。

> これまでの近代産業技術はつねに技術からの発想だったといえる。技術開発も、はじめに既存の技術があり、それをいかに修正するかの問題であった。設計図が先にあり、それに必要な資源は世界中から運んできた。

これまでの産業技術は「技術からの発想」、つまり、〝初心者の料理〟に他ならない。まず、手に入れたい製品、あるいは既存の技術があり、それを生産するのに必要な材料、その技術が活かせる材料を世界各地から集めてきた。中でも、鉱物資源に乏しい日本の産業は、特にそうだったのだ。

とすると、次の展開はどうなるか。段落①の対比構造と同じ論理構造を取るのであれば、筆者が「技術からの発想」に対して、次に「資源からの発想」を持ち出してくることは、先を読まなくても自明のことなのである。

今までの産業	技術からの発想
	↔ 対比
これからの産業	資源からの発想であるべきだ

このように、段落①の対比構造が、段落④以下で、そのまま近代の産業の問題として一般化され、繰り返されるはずなのだ。

これが論理である。そして、この論理のあり方は、英語や古文、あるいは小論文においても、何ら変わることがない。だから、例えば英語の長文の場合でも、すべてを読まなくても、次の展開が予想できるのである。

解法ルール2　論理パターンを押さえて、次の展開を予測する。

では、予想通りに論理展開がなされているか、最終段落を見てみよう。

> 今日、人類が直面している危機を乗り越え、新しい文明への道を拓《ひら》くためには、発想を一八〇度転換して、技術からではなく、資源からの発想に切り換え得るかどうかが鍵《かぎ》となることであろう。

予想通り、「資源からの発想であるべきだ」となっている。これが、最終結論、つまり主旨である。

しかし、ここに至るまでには、まだ何かが足りない。つまり、**論理に飛躍がある**。どういうことかというと、日本の産業を「技術からの発想」から「資源からの発想」に切り換えることを主張するには、**なぜ「技術からの発想」ではダメなのか、どうして「資源からの発想」が必要なのかについて論じなければならない**のだ。

その役割をなしているのが、段落⑤・⑥である。段落⑤から順に見てみると、24行目、

今、有力な代替資源が見当たらないまま、石油資源の枯渇《こかつ》は目に見えはじめている。

これまでの産業（日本を含め）は、まず生産目的があり、それを可能にする技術を発達させ、そのために必要な資源を世界中から入手してきた。だが、今やその一つである石油資源は枯渇し始めているのだ。これが、今後「技術からの発想」ではダメな理由。

続いて段落⑥、

> だが資源は本当にないのだろうか？　エネルギー資源にせよ、鉱物資源にせよ、最近騒がしくいわれる水資源にせよ、よく考えてみると我々の身のまわりにはかなり豊富にある。ないのはそれを活用する技術であり、何よりもそこに目を向ける資源からの発想であった。

これが「資源からの発想」が必要である理由。豊富にある資源に目を向け、それを活用するための技術を開発していけば、特定資源への依存から脱却し、様々な資源を幅広く利用できるのだ。
ここに至って初めて、筋道が立ったのである。飛躍なく、論理がきちんと通ったのだ。

◆全体の論理構成

具体例
たとえ

O　初心者の料理　…技術からの発想

↔ **対比**

A　プロの料理　…資源からの発想

A　近代産業はこれまで初心者の料理、つまり技術からの発想であった。…具体例を一般化（＝主張）

← そのため

今や資源が枯渇し始めている。

←

B　そこで、これからは資源からの発想に切り換えるべきだ。……**主旨（最終結論）**

この文章は、まずAを主張し、それを前提に最終結論Bを導き出すという、「A⇩Bのパターン」**（解法公式③）**である。この場合、Bが主旨となる。

このように、論理的な文章では、筆者の主張であるAを最後まで繰り返すのか、あるいはそれを前提として、Bへ進むのか、大半がそのどちらかである。

解法ルール 3

大半の論理パターンは、主張の繰り返しか発展形のいずれかである。

設問の解法

問一 空所のある部分は「プロの料理人」の手順を説明した箇所である。プロは「**その日に入荷した材料の中から良くて豊富な旬《しゅん》のものを見つけると、それを中心にして活《い》かす料理の**［　］」を始める。

このことは以下の文章で繰り返されるはずだから、段落②を重ねるように読んでいくと、8行目、

> ……これに対してプロのほうは、資源からの発想というべきであろう。最終目標についての大まかなイメージはあろうが、設計が初めから決まっているわけではない。

プロの場合は設計が初めから決まっているわけではない。資源（＝材料）が初めにあり、次にそれを活かす設計を考えるわけであるから、空所には「設計」が入ることになる。

このように、**論理を意識することによって、空所問題も楽に解決できる**のである。

〔答〕 ア

問二 **指示語の問題**で、基本的。**指示語は直前から検討するのが、鉄則**（**「解法公式集」128ページ**）。

このように、設問はいつでも同じ手順で検討すること。

すると、「**手に入れられる資源**」とある。これを指示語に代入すると、「手に入れられる資源を活用するための技術がそれから決まる」となり、筋が通っている。しかも字数条件を満たしているので、これが答え。

〔答〕 手に入れられる資源

問三 **「資源からの発想」が理解できているかを問う問題。**

「資源からの発想」とは、8～11行目にあるように、最初に作りたいものが決められているのではなく、**まず材料があり、次にその材料をどう使って、何を作るかを考えるという発想。**

イ　最初に落ち葉という材料があり、次にその材料を使って何が作れるかと発想したのだから、これが「資源からの発想」。他のものは、まず最初に目的があって、あとからそれに必要な材料を探し求めているから、ダメ。

〔答〕 イ

問四 「初心者の料理」とは、A′(たとえ)である。もちろん、たとえられたのは**「技術からの発想」**。そこで、「技術からの発想」を説明すればいい。

ポイントはA′＝Aという論理的関係を押さえたかどうか。すると、Aは近代産業についてであるから、ここはあくまで近代産業技術における「技術からの発想」について説明すべきで、料理に関する記述があるものは、ダメ。

「技術からの発想」——最初に技術と設計があり、あとからそれに必要な資源を求める。(7・8行目)
「資源からの発想」——最初に資源があり、次にそれを活かす技術・設計を考える。(8〜11行目)

〔答〕 最初に技術と設計があり、次にそれに必要な資源を求めること。(29字)

問五　全体の論理構造をつかんだかどうかを問う問題。

①・②・③段落　「料理のたとえ話」
④・⑤段落　「技術からの発想」のため、今や石油資源が枯渇しつつある。
⑥・⑦段落　石油資源は確かに枯渇の危機だが、水資源を始めとする様々な資源が、私たちのまわりには残されている。
⑧段落　これからは「資源からの発想」に切り換えるべきだ。……**結論**

〔答〕　エ

問六　主旨を問う問題。

筆者が主張したのは、「技術からの発想」から「資源からの発想」という発想の転換で、これが述べられているのは、アとエしかない。だが、アは「発想を転換することで目覚ましい発展をとげてきた」とあり、これが本文の内容と異なる。

〔答〕　エ

■正解■

問一 ア （8点）

問二 手に入れられる資源 （8点）

問三 イ （8点）

問四 最初に技術と設計があり、次にそれに必要な資源を求めること。（29字） （8点）

問五 エ （8点）

問六 エ （10点）

合格点 40点（満点 50点）

チューター・メモ

ベーシック編最初の問題ですが、皆さんどうでしたか？　案外わかりやすい文章だったのではないでしょうか。

さて、本問では「近代」という言葉が出てきました。実はこの「近代」というキーワードは入試現代文の中でしょっちゅうお目にかかる〝超〟の付く重要ワードです。入試に出てくる多くの文章は、「近代は良いか悪いか」について形を変えて論じています。

では、「近代」とは何でしょう？　実は、私達が今生きているこの社会は、「近代」というシステムが作り出した社会です。その近代主義の核にあるのは、合理的判断を何にもまして優先させるというヨーロッパの考え方であり、この合理主義は、科学を発達させ、産業革命という形で爆発的に世界に広がりました。今の日本もその恩恵に与《あず》かっています。

皆さんも「近代」については評論用語集などで、しっかりチェックしておきましょう。

ベーシック演習2

現代文を読むことで現代に対する認識も深められる

引き続き、論理を追っていく練習をしよう。

今回は当代随一の詩人の文章で、随筆に近く、非常に読みやすく感じるはずだ。だが、だからといって、何となく流して読んでいってはならない。どういう筋道の立て方になっているのか、どんなときでも、論理構造を押さえることを決して忘れないこと。

この問題はセンター試験で出題されたもので、前回に比べると、論理構造が少しつかみにくくなっている。うまく論理を追えるかどうかがポイント。

現代文の多くは、この現代の日本をとらえたものである。その意味では、現代文を学ぶことによって、諸君は現代に対する認識を深めることになる。前回の資源の問題、そして今回の遊び、レジャー、学問、芸術(これらの根っこは、実は同じところにある)の問題は、現代文だけでなく、小論文のテーマとしても頻出である。

問題２ 谷川俊太郎『楽しむということ』（別冊問題集８ページ）

目標

１ 論理構造を把握する。
２ 抜き出し問題の解法を習得する。
３ 〝楽しみ〟の問題についての考察を深める。

全体を把握しよう

さて、段落〔1〕で、論理構造を読みとれただろうか？

> うまい物を食う楽しさがある。好きな人と共にいる楽しさがある。ひとりでぼんやり時を過ごせるⓐという楽しさもある、そして一篇《いっぺん》のⓑ詩を読む楽しさがある。それらを私たちは(ア)キンシツに楽しんでいるのだろうか。

冒頭の文章だが、ここで「私」ではなく、「私たち」になっていることに注意してほしい。「私たち」というのは、当然日本人のことである。つまり、あえて**「私たち」という言い方がなされるとき、他（たとえば西洋人）との比較がすでに意識されている**のである。

そしてここには、すでに一つの主張が提示されている。それは、「私たち日本人は楽しみを均一には捉えていない」ということである。私たちは、うまい物を食う楽しみと、詩を読む楽しみとは違うと思っているのだ。

さらに段落〔1〕を読んでいくと、6行目、

> ……理由のない悲しみというようなものがあるとすれば、理由のない楽しさもあるだろう、そのどちらがより深い感情かは断じがたいはずなのに、私たちはともすれば笑顔よりも、涙をたっとぶ。

ここに、もう一つの主張が示されていることに気づいただろうか？　それは「私たち日本人は、楽しみに悲しみほど価値をおいていない」ということである。

つまり、段落〔1〕では、早くも次の二つの主張が提示されたわけだ。

筆者の主張

①日本人は楽しみを均一には捉えていないし、②悲しみほどには価値をおいていない。

であれば、以下、筆者はこの主張に関して論証責任を全うしなければならないのである。

★筆者の論理に従って読む

プロローグでも述べたように、自然言語（ふつうに使われている言葉）における論理のあり方は次の通りだ。

解法ルール 4

論理のあり方は、同一命題反復か対立命題提示、あるいは両者の併用である。

そこで、段落〔2〕、〔3〕を検討すると、アメリカ人が登場する。筆者の主張は「日本人の楽しみに対する価値観」についてであり、それを論証していく流れの中で、アメリカ人を引っ張り出したのだから、ここでは対比と考えればいい。すると、次に書かれる内容は、すでに読まなくても分かっている。日本人のありかたと反対なのだから、アメリカ人は楽しみを均一に捉えているし、楽しみに悲しみ以上の価値をおいている、とくるはずだ。

すると15行目に、「**パーティも楽しむものなら、詩も楽しむものだというその考えかた**」とある。彼らはパーティを楽しむときでも、詩を読むときでもエンジョイであり、それが最高のほめ言葉なのだ。

こういった論理のあり方は、英語においても何ら変わるところがない。筆者の論理に従って読んでいけば、大抵の英文の内容は推測可能である。

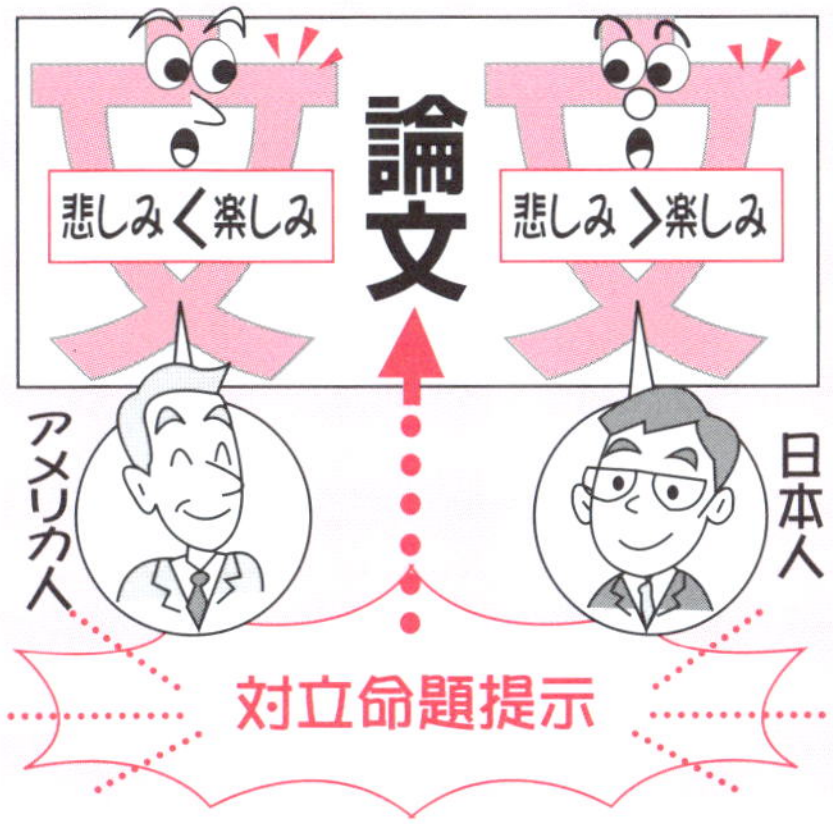

さて、段落〔4〕で、**主体が「私たち」から「私」に変わっていることに注意。**ここからは、A′（筆者の体験・エピソード）である。

では、どこまでが私のエピソードか？　筆者が主張したいことは「私たち」日本人に関してであって、その論証材料として自分のエピソードを引っ張ったにすぎない。であれば、どこかで必ず「私たち」の話へと、一般化するはずであろう。それを追っていけばいいのだ。

すると、段落〔6〕の末尾に「**これは私ひとりだけの感じかたであったのだろうか**」とあり、これを合図に、段落〔7〕で、「**今の日本に生きる私たちは**」と一般化している。つまり、**段落〔4〕から段落〔6〕までは、冒頭で示された主張の繰り返し（具体的エピソード）**にすぎないのだ。

このエピソードは、筆者が「楽しむことに後ろめたさを感じていた」ことについてであるが、ここでは「**楽しさというものは感覚的なものであり、それは精神よりもむしろ肉体にむすびついていて、どこかに淫靡《いんび》なものをかくしていた**」（29行目）とあることだけを押さえておくこと。

★どのように論証がなされているか

さて、段落〔7〕からは、再び「私たち」日本人の話となる。今の日本では、楽しむことにかつて筆者が抱いたような後ろめたさを感じる者はいない。誰もが楽しみを追い求めている。

しかし、筆者はこれだけ〝楽しむこと〟が大っぴらになっているにも関わらず、「だが」と提示する。

だがその同じ私たちが、一篇の詩を本当に楽しんでいるかどうかは疑わしい。（50行目）

ここでもう一度、冒頭の主張を思い出してほしい。

筆者の主張

日本人は楽しみを均一には捉えていないし、悲しみほどには価値をおいていない。

段落〔6〕までは、対立命題の提示と主張の具体的エピソードの提示だけであったから、〔7〕、〔8〕、〔9〕段落で、筆者は、この主張を論証しなければならない。そのために、筆者は「だが」と詩の例を持ち出しているのだ。私たちはうまい物を食うように、詩を楽しんではいない。ためになるから、文学や芸術に親しもうとする。つまり、これほど楽しむことがおおっぴらに奨励されるようになった今でも、日本人は楽しみを均一なものとは考えていないのだ。

なぜか？

ここで、〔4〕～〔6〕段落の「私のエピソード」を思い出してほしい。

私にとって、楽しみは感覚的なものであり、それゆえ精神よりも肉体に結びつき、淫靡なものだった。この「私のエピソード」は、そのまま今の日本人全体に言えることでもある。

現代は、楽しみがおおっぴらに奨励されるようになったが、その楽しみはやはり肉体としか結びついていない。本質は、「私のエピソード」の時と、何ら変わっていないのだ。だから、うまい物を食うのは楽しくても、詩は楽しめないのである。それを筆者は、「**感覚の楽しみが精神の豊かさにつながっていないから、楽しさを究極の評価とし得ないのだ**」（54行目）と、断定する。

これで、「日本人が楽しみを均一に捉えていない」ということの論証責任を果たした。あとはもう一つの主張、「楽しみに悲しみほど価値をおかない」を論証する必要がある。

これは、残る段落〔9〕を見てみよう。

> ……悲しみや苦しみにもしばしば自己憐憫《れんびん》が伴い、そこでは私たちは互いに他と甘えあえるが、楽しみはもっと孤独なものであろう。楽しさの責任は自分がとらねばならない、そこに楽しさの深淵《しんえん》ともいうべきものもある。

ここが、そのまま論証部分となっている。楽しみは苦しみや悲しみと違い、他人に甘えることのできない、自分ひとりのものである。だから、実は楽しみは悲しみよりも深淵なのであり、価値を置くべきものなのである。

にもかかわらず、楽しみに価値を置かないということは、その孤独を伴う楽しみを受け止める精神を、私たち日本人が持っていないからなのだ。それを筆者は、「**楽しむことのできぬ精神はひよわだ、楽しむことを許さない文化は未熟だ**」（56行目）と言っているのである。

このように、今回の文章は、冒頭の二つの主張を最後まで形を変えて繰り返しただけである。したがって、**冒頭の主張が、そのままこの文章の主旨になっていることが分かる**（**問題1**のようなＡからＢへのパターンではなく、Ａを最後まで繰り返す論理パターンである）。

主旨 **日本人は楽しみを均一には捉えていないし、悲しみほどには価値をおいていない。それは楽しみが肉体とのみ結びつき、精神の豊かさとつながっていないからだ。**

発展学習

英語と現代文の論理の違い

最近、英語の長文読解において、パラグラフリーディングなるものが流行《はや》っている。しかし、現代文ではパラグラフリーディングなど、ナンセンスである。それはなぜか?

英語においても、現代文においても、論理の立て方自体に変わりはない。しかし、そこには見せ方の違いが存在するのである。

英語は論理が表に来る。パラグラフ（段落）ごとに、論理構造がはっきりしている。この段落はＡという主張で、次の段落はその具体例、さらに次の段落はその反対の主張というように、論理的に段落を区切っているのだ。だから、パラグラフごとに、論理構造を押さえていけば、読解が楽になる。

ところが、日本語の場合は、論理はうちに隠れているのだ。表だって理屈っぽい文章は、堅苦しくて機械的なものとして、あまり評価されない。そこで、論理を表沙汰にせず、一見情緒的な、あるいは流麗な文章にする。

それゆえ、現代文では、段落は形式段落である。つまり、段落ごとの論理的な意味づけはないのだ。だから、見た目は段落が存在するにも関わらず、「段落に分けよ」という意味段落を問う設問が成立するのである。当然、段落分けの問題は、論理展開から判断する。

段落の意味

英　文＝意味段落→段落分けの問題はあまり出題されない

現代文＝形式段落→段落分けの問題が多く出題される

現代文は一見論理が表に出ないから、より論理を意識して読みとっていかなければならない。逆にいうと、現代文において論理を追っていく訓練を積めば、論理が露骨に表に現れている英文など、はるかに楽に読解ができるはずである。本書での読解はそのまま英文でのパラグラフリーディング（ロジカル・リーディングといってよい）につながるのだ。

もちろん、英語が現代文より簡単だと言っているのではない。英語は現代文と違って、単語や熟語、構文に文法の習得が必要だ。ただ、論理を追うというその行為に関しては、現代文ほど複雑ではない。だから、現代文で身につけたその読解法を、英語に利用しない手はないのだ。

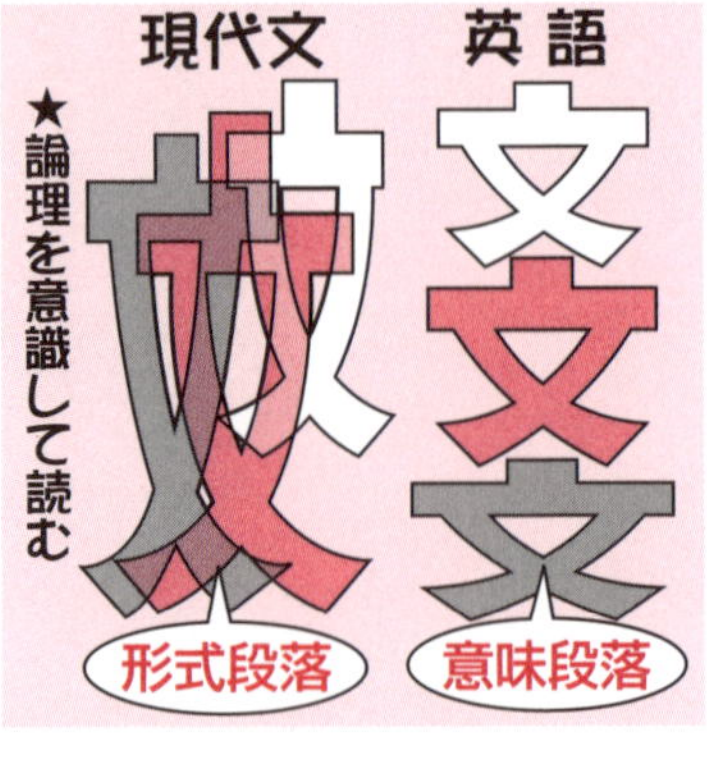

設問の解法

問一　(ア)均質　(イ)奇異　(ウ)真率　(エ)集約　(オ)奨励

〔答〕(ア)—②　(イ)—⑤　(ウ)—④　(エ)—①　(オ)—②

問二　「ひとりでぼんやり時を過ごせるという楽しさ」における「という」は、**本来何の意味も待たない、形骸化してしまった言葉**である。

そこで、「という」を取ってやると、「ひとりでぼんやり時を過ごせる楽しさ」となって、何ら不都合が生じない。各選択肢も、この考えのもとに吟味するとよい。

①は「本を読むことが少なくなった」となって、問題が生じない。それに対して、④と⑤は論外である。中には、②と③の「という」を取ってみても、それでおかしくないのかどうか、判断が付かない諸君もいると思うが、②「忙しい」、③「上陸する」は終止形であって、直後の「の」、「こと」とは直接つながらない。

〔答〕　①

問三　**本文の該当箇所を抜き出して、処理する問題。**

私たち日本人が楽しさを均一に捉えられないのは、**楽しさが肉体とのみつながり、精神の豊かさとつながっていないから。**そこで、該当箇所である段落〔8〕の「**感覚の楽しみが精神の豊かさにつながっていないから、楽しさを究極の評価とし得ないのだ**」(54行目)をつかまえる。

設問は、「本当の『楽しさ』となるための条件」だから、この該当箇所と反対のことを言っている選択肢を選べばよい。すると、⑤「感覚の楽しみが精神の豊かさにつながっている」ことが、詩を楽しむための条件といえる。

〔答〕　⑤

問四　これも一種の**抜き出し問題**。

解法ルール5　**抜き出し問題は、全体の論理構造から該当箇所の見当をつける。**

ⓒ「**かすかなうしろめたさのようなものを感じていた**」のは、筆者の場合。そこで、本文から筆者のエピソードの部分を探すと、すでに説明したように、段落〔4〕から段落〔6〕まで。

そこで、段落〔4〕～〔6〕までの中で、筆者が後ろめたさを克服しようとした箇所を探せば、その後に該当箇所が見つかるはず。

段落〔5〕までは、筆者の場合、楽しむことの後ろめたさがどこからきたのか、その原因をいろいろと数え上げている箇所。そして段落〔6〕を見ると、

> そういう風に感じる自分に反発するような気持ちで、肉体が性的に成熟しようとする一時期、私はすこしむきになって過去にも未来にも目をつむり、自分ひとりの現在に生きる楽しさを謳歌《おうか》したことがあった。

とある。ここが、その後ろめたさを克服しようとしている箇所に当たる。

したがって次の「**しかしそれでもまだ、私には感覚の全的な解放に対するおそれのようなものがあった**」が、該当箇所。

〔答〕　④

問五　「筆者が内省的に述べている段落」とは、A′（筆者のエピソード）の箇所である。全体の論理構造を追っている段階で、すでに答えは解決済み。

〔答〕　③

このように、**問三、四**の抜き出し問題を含めて、**現代文の設問の大半が、論理を追っていけば自然と解決できる問題**である。

問六　合致する文章を選ぶ問題。

①「日本人は他人と甘えあわない孤独な楽しみを大切にしている」など、本文のどこにも書いていない。後半部分も間違い。

③「うしろめたさや子供っぽさ」を克服するために文学や芸術に親しめと主張しているのではない。

⑤「楽しむことの追求を人生の唯一の目的とすべき」とまでは言っていない。段落〔7〕では「**楽しむことは大っぴらに奨励され、楽しむための技術はさまざまに工夫され、それは人生の唯一の目的であるかのようにも装われている**」とある。

解法のコツ

選択肢に惑わされるな

マーク式の問題でも、抜き出し問題に当たる設問が出題されることがある。

問三、四がそれであるが、本来、こういった問題は、本文から該当箇所を抜き出した時点で、解決済みなのだが、マーク式の場合、すべてをコンピュータで採点処理する必要から、便宜上選択肢を設けているだけである。

こういった場合、他の選択肢に目をごまかされることなく、基本的には即答法で答えるべきである。

ここまでは、比較的簡単に消去できたはず。問題はここからである。

④「文学や芸術に対して功利的な意義を求めがち」は、段落〔8〕の「**文学、芸術に関する限り、私たちは楽しさよりも先《ま》ず、何かしら〈ためになること〉を追うようだ**」（51行目）、「ひいては現代の日本文化の未熟さを示すものにほかならない」は、段落〔9〕の「**楽しむことを許さない文化は未熟だ**」（56行目）に該当する。

残った②と⑥であるが、共に段落〔9〕の「**悲しみや苦しみにもしばしば自己憐憫が伴い、そこでは私たちは互いに他と甘えあえるが、楽しみはもっと孤独なものであろう。楽しさの責任は自分がとらねばならない**」（58行目）の説明となっている。

悲しみや苦しみと楽しさとを比較しているのだが、共に自分の責任において解決しなければならない限り、孤独といえるが、「悲しみや苦しみ」は他人に甘えられる分、まだましだということ。

⑥は、「悲しみと苦しみ」、「楽しみ」が対比的に扱われている。「悲しみと苦しみ」は「共通の精神的基盤に支えられている」のに対して、「楽しみ」は他人に理解されず、孤独だということ。だが、本文には「**楽しみはもっと孤独**」とある。「もっと」とある限りは、**「悲しみと苦しみ」も「楽しさ」も共に孤独であるが、ただ他人に甘えられない分だけ、「楽しさ」の方がもっと孤独と**いうこと。

それゆえ、⑥のように対比的には扱えない。

〔答〕②・④

正解

問一　ア―②　イ―⑤　ウ―④　エ―①　オ―②　（各2点）
問二　①　（6点）
問三　⑤　（7点）
問四　④　（7点）
問五　③　（8点）
問六　②・④　（各6点）
合格点　40点（満点　50点）

チューター・メモ

この問題ですが、文章も問題も素直で解きやすかったのではないでしょうか。それだけに、筆者の主張がうまく掴《つか》めているかどうかが分かる問題です。

解法のネックは、やはり最後の問題（本問では問六）です。過去問を解いてみると分かりますが、とにかく配点が大きいのです。ここで落とすとかなり痛いので、注意しましょう。もちろん、本問も同じです。

問六では④と⑥で迷った方が多いのではないでしょうか。しかし、「どっちも合っている気がする」で思考を停止してしまうのではなく、59行目の「楽しみはもっと孤独なものであろう」という箇所を見つけ出せば、⑥は消去できるはずです。本文を正確に読めているかどうかで点数が大きく変わってくるという点で、本問は良い見本。ここで間違ってしまった人は、自分の読みの甘さを実感して、次につなげましょう。

ベーシック 演習 3

組み合わされている論理を的確に押さえる

もう一題、論理を追っていく練習をしよう。問題文自体はそれほど難しくないので、これまで学習した「同一命題の反復」、「対立命題」などを意識して、丁寧に読んでいってほしい。

今回で論理を追う練習は最後である。論理とは一直線で、「今がこうなら、次はこうしかない」というもの。したがって、先を予測できるかどうか、一つそういった意識で文章を追いかけてほしい。

次の第2部では、文脈力を養成するトレーニングに入っていくが、もちろんすべての文章には論理があるわけなので、本書の最後までこの第1部で習得した論理的な読み方を意識すること。

問題3 大塚英志『物語消費論』（別冊問題集16ページ）

目標

1　論理構造を把握する。
2　様々な設問形式に慣れること。
3　評論用語の習得（トレンド、アイテム、アニミズムなど）。

全体を把握しよう

まず第一段落で、現代は「おまじない」ブームであることを指摘している。もし、この「おまじない」に筆者の主張があるならば、それは論証されなければならない。

このとき、論証のあり方には二つあるということは、すでに述べた。**同一命題を繰り返すのか、あるいは、対立命題を持ち出すのか、このいずれかのパターンである**（解法ルール④）。

そこで、先を見てみると、第二段落で、「星占い」が登場し、「**星占いとおまじないの違い**」「**星占いとおまじないの間にある差異**」と繰り返されている。つまり、「おまじない」とは異なる「星占い」が提示されているのだ。

であれば、論理パターンは……そう、**対立命題提示のパターン**だ。ここまで分かると、後はこの両者の対比構造で論証が繰り返されるということが、この時点ですでに把握できるのである。

おまじない
↔ **対比**
星占い

さて、こうした対比の場合、肝心なのは双方が大切なのではなく、**重要なのはあくまで筆者の主張Aであるということだ。対立命題OはAを印象づけるために持ち出されるにすぎない**のである。

解法ルール 6
対立命題は、主張を印象づけるためのものである。

では、この問題文では、「おまじない」と「星占い」、果たしてどちらが主張なのか。

そこで、最終段落を見てみよう。筆者は最終的にどちらについて論じているか。これは、冒頭に「**おまじないとは**」とあるのを見て分かるように、「おまじない」についてである。つまり、**筆者の主張Aは「おまじない」にあり、それを読者に印象づけるために、星占いと対比させたのだ。**

では、両者はどこが本質的に違うのか？

第三段落冒頭に、「**星占いとは結論からいえば科学なのである**」とある。何を指して科学というのかというと、15行目に、

そこに存在するのはあくまでも合理的な思考力に他ならない。

とある。つまり、**星占いが合理的な思考に基づいている点を、筆者は科学としている**のである。

もちろん、「星占いが科学である」という主張にも、当然、論証責任が伴う。そのために筆者は、『帝都物語』やホロスコープの計算などの証拠（A′）を挙げ、その上で、第三段落の終わりに「**星占いとは合理的な思考に基づいた予測のための科学なのであり**」と、もう一度まとめているのだ。

また、この主張に基づいて、さらに第四段落では、「**星占いが合理的な予測である以上、その結論を変えることは出来ない**」と新たな主張を提示している。

> O　星占い──合理的な思考に基づいた予測の科学→結論を変えることは出来ない

★次の展開を予測する

さて、ここまでで、次の論の流れが予測できただろうか？

星占いはあくまでOであって、筆者の主張はA「おまじない」にあったはずである。すると、星占いが科学であるならば、おまじないは科学とは対照的なものであるとの論が展開されるはずだ。したがって、その「科学と対照的なもの」とは何かを読みとればいい。

同様に、星占いは結論を変えることが出来ないということから、おまじないは結論を変えることが可能だとの論も展開されるはずである。

このように、**筆者の立てた筋道をあるがまま辿《たど》っていけば、すべて読まなくても、次の内容は確定できる。**すると、すでに分かったことを確認するように本文を読んでいくわけだから、間違いっこない。現代文では、誤読や解釈の違いなどあり得ないのである。

さて、第五段落で、いよいよ話がおまじないに戻ってくる。

「これに対して、おまじないは、変更不可能なはずの未来を［A］しようという」、この［A］の答えはすでに確定しているのだが、これは後の**「設問の解法」**に回すとして、この主張の証拠として、次に「電話の願い」の例が来る。そうして、「願い」という言葉から、おまじないを支える原理は「祈り」であると主張を展開する。だから、

星占いが科学であるとすれば、おまじないは宗教なのだといえる。（34行目）

のだ。

おまじないをすることによって、未来の結論を変えようとする。それは、合理的な思考に基づくのではなく、祈りに基づいているから、宗教といえるのである。

A おまじない―宗教 …結論を変える

⇔ 対比

O 星占い―科学 …結論は変えられない

こういった、冒頭から一貫した、対比による論理構造が読みとれただろうか？

ここまでで、論理構造は一応の終結を見ている。あとは、もう一度、今の主張を繰り返して、このままそれを最終結論として終結するか、あるいは、さらに新たな主張に論が展開されるかのいずれしかない。つまり、**Aをさらに繰り返すのか、AからBへと論を展開するのか、そのどちらかなのだ（解法ルール③）**。

そこで、第五段落の終わり（35行目）を見てほしい。

> ……………しかも、今回のおまじないブームの興味深いところは西洋の黒魔術や民俗学的な呪術といったできあいのおまじないを使うのではないという点である。新しく作られたオリジナルのおまじないがブームとなっているのが特徴なのである。

この「しかも」に注目。これは、**添加を表す接続語（「解法公式集」105ページ）で、新たな話の展開が**

なされていることを意味する。ここで、論がBへと展開されることをつかむことができるのだ。

事実、「現代のおまじないはオリジナルのものである」という新たな主張が提示されているわけだが、その証拠として、筆者は次の段落で**「マーク矢崎治信というおまじないクリエーター」**によるオリジナルのおまじないを例に挙げている。

かつては、おまじないにはタロットや魔法陣といった既製のアイテムが使われていた。ところが、今のおまじないは身の回りの道具を使うのだ。

このことから、今のおまじないは、かつてのおまじないのような宗教と違い、**「少女たちが自分たちの生活空間に作り出した〈小さな宗教〉なのである」**と筆者は述べている。そしてそれは、**「まわりの自然物すべてに名もなき小さな神がやどっている」**という、日本古来のアニミズムの一種なのだ、と結論づけている。

A　おまじない　宗教

←

B　おまじない　**一種のアニミズム〈少女たちが自分たちの生活空間に作り出した〈小さな宗教〉〉**

設問の解法

問一・二　どれも基本的。全問正解すること。

〔答〕問一　イ　ひそ（か）　ホ　そぼく　ヘ　じゅじゅつ

問二　ロ　浮上　ハ　施設　ニ　行方

問三　論理を追ったかどうかを問う問題。

直前に**「これに対して」**とあることから、**星占いとおまじないの対比構造を押さえればいい。**

「星占いが合理的な予測である以上、その結論を変えることは出来ない」（24行目）とあるので、おまじないはその反対で、結論を変えようとしているはず。

さらに、直後にある具体例、「電話の願い」からも判断できる。

〔答〕　ア

問四　トレンドは頻出用語。１行目の「流行」が、その答え。

〔答〕　流行

問五　「星占いとおまじないの違い」を述べている箇所は複数あるが、**「端的」という条件に着目。**

「端的」とは、ズバリ結論を述べること。

すると、すでに**「全体を把握しよう」**でも説明したように、34行目の**「星占いが科学であるとすれば、おまじないは宗教なのだといえる」**が、該当箇所。また、**「一文」という条件の時は、文の冒頭から句点までを指す。**したがって、始めと終わりの何文字かを抜き出す場合、終わりには句点も含むので注意しよう。今回は始めの五文字なので、「星占いが科」が答え。

解法ルール7
解答の際には、設問条件を必ずチェックする。

〔答〕 星占いが科

問六 星占いと、日本経済の行方を予測したり時代のトレンドを読むのとが、なぜ変わりがないかというと、21行目に「**星占いとは合理的な思考に基づいた予測のための科学**」とある。つまり、共に**合理的思考に基づいている点で同じ**なのである。

イ 星占いが「現在の科学の基となっている」といった事実はない。

ウ コンピュータが使われている点で、共通なわけではない。

エ「政策科学として用いられている」も、事実に反する。

したがって、合理的思考に近い選択肢は、アしかない。

〔答〕 ア

問七 傍線部の「ここ」は、「電話の願い」などの「おまじない」を指している。おまじないは宗教であって、自分の未来を修正しようとするものだから、エ「根拠なしに自分の願いを実現させようとする」が適切。

ア「単なる流行にすぎない」では、合理的思考がないことの理由にはならない。イ「未来をよりよく予測する」のではなく、「修正する」のである。ウ「現在の科学の体系とは異なっている」とあるが、そもそも科学ではない。

〔答〕 エ

問八 **傍線部の〝オリジナル〟を押さえること。** 今のおまじないは、これまでのものと違って、既製のアイテムを使わない。それは「**自分たちの生活空間に作り出した〈小さな宗教〉**」（48行目）だからである。その事実を指して、「オリジナルのおまじない」と指摘しているのだ。

字数条件も考慮すると、「少女たちが自分たちの生活空間に作り出した〈小さな宗教〉」が、答え。

〔答〕 少女たちが〜小さな宗教（さな宗教〉）

問九 傍線部の「日本人の神観念」とは、「**風や木や石や身のまわりの自然物すべてに名もなき小さな神がやどっている**」（49行目）という考え。だからこそ、少女たちは自分の身の回りの道具を使って、おまじないをするのである。そこから考えれば、決して難しくない。

[1] は、日本古来の信仰であるアニミズムの観念。アニミズムとは身の回りのすべてに神が存在するという考えなので、「神」が答え。

[2] は、直後に「電話やバンドエイドやリンゴなどの身近にあるもの」とあるので、「道具（用品／アイテム）」が答え。

これらはアニミズムという「自然物崇拝」なので、[3] には「自然物」が入る。

〔答〕 [1] ―「神」　[2] ―「道具」（用品／アイテム）　[3] ―「自然物」

■正解■

問一　イ　ひそ（か）　ホ　そぼく
　　　ヘ　じゅじゅつ　（各2点）

問二　ロ　浮上　ハ　施設　ニ　行方（各2点）

問三　ア　修正　（4点）

問四　流行　（4点）

問五　星占いが科　（6点）

問六　ア　（6点）

問七　エ　（6点）

問八　少女たちが～小さな宗教（さな宗教））（6点）

問九　1 ―「神」
　　　2 ―「道具」（用品／アイテム）
　　　3 ―「自然物」　（各2点）

合格点　35点（満点　50点）

チューター・メモ

問八はお馴染みの抜き出し問題ですが、どこを抜き出せばいいか戸惑った人もいたのではないでしょうか。

「オリジナルのおまじない」の説明は36行目や43行目にも「出来合いのおまじないは使わない」という言葉でなされています。ぱっと見たら「こっちの方がいいのでは?」と思うかもしれませんが、答えの候補が複数あるときは消去法。

まず36行目の「西洋の黒魔術や～」ですが、これは字数的にダメ。字数制限があるときは、制限字数内でピシッと答えられる箇所が必ず一つあるという出題者のメッセージです。次に43行目「この種のおまじないは～」ですが、「この」という指示語が入っているのでダメ。傍線部を説明している箇所を抜き出せという設問に対して、指示語が入っている（＝さらに説明が必要な）箇所を抜き出して答えにしてはいけません。

よって、答えは48行目「少女たちが～」になります。

第2部

文　脈　力
を養成しよう

様々な意味になりうる言葉を、文章の前後関係から、ぴたり一つの意味に規定する、それが「文脈力」だ。この力は主に設問を解く際にその力を発揮する。

得点の大幅アップを狙うためにも、問題を通して、この文脈力をしっかり身につけよう。

問題を解く前に

文脈の意味を押さえる

ここまでは論理を追う訓練をしてきたが、文章を客観的に読むためには、もう一つ忘れてはならない大事な要素がある。それが「文脈」である。

文脈の意味とは?

文脈には二つの意味がある。

一般的には、「文脈を読め」「文脈から判断せよ」といった具合に、文脈は「文の流れ」といったように漠然とした使われ方をしていることが多い。

だが、論理的読解を試みるならば、「文の流れ」とは論理を追うことである。そこで、本書での「文脈」は、それとは明確に区別しなければならない。

本書では「文脈」を、**「言葉をその前後から一つの意味に規定するもの」**と定義する。というのも、「文脈」を狭

い意味に規定することによって初めて、読解の武器として活性化することが出来るからだ。

文脈　言葉をその前後から一つの意味に規定するもの

自然言語においては、言葉は様々な意味に揺れ動いている。一つの言葉は複数の意味を持つだけではなく、場合によっては辞書にはない独自の使い方をされる場合さえある。比喩的な使い方を含めると、一つの言葉の意味は無限だ。

こうして、作者は作者の感性によって言葉を使用し、読者は読者の感性でそれを解釈する。そこに、英語や現代文などの自然言語教科における読解の曖昧さがあるのだ。

だが、私たちは文章を客観的に読解することが可能である。それは、そこに〝文脈〟という機能が働いているからである。言葉が様々な意味に揺れ動くと思えるのは、あくまで文章から切り離され独立している場合で、文章中では事情が一変する。

というのも、一つの言葉は前の言葉と無関係ではあり得ないし、それと同時に後ろの言葉と無関係ではあり得ないからだ。それゆえ、**一つの言葉はその前後から、一つの意味に客観的に規定できる**のである。

イメージとしては、たとえば、上下に激しく振動する球があるとする。その球は両端から糸で引っ張ると静止する。それと同じように、言葉は前の言葉に引っ張られ、後ろの言葉に引っ張られ、文章中では一つの意味しか持ち得ないのである。

そう考えると、**文中の言葉を捕まえるときには、必ずその前後を押さえる**ことが必要になる。その際、**接続語・指示語はその言葉を引っ張る最も強い糸だから、必ずチェックする**こと。

文脈の法則

1 文章中では、言葉は一つの意味しか持ち得ない。
2 傍線部・空所の前後をチェックする。
3 その際、指示語、接続語がある場合は文法的根拠になるので、必ずチェックする。

君たちは、普段から文脈を意識することなど、時間に追われた試験ではとてもできない

閑話休題

文脈力は偉大

文脈力は、あらゆる言語教科でその力を発揮する。たとえば英語。確かに、入試で問われるのは、その大部分が構文・文法・イディオムなどである。直接文脈力を問うものは、ほとんど出題されない。

しかし、この力は長文読解などで非常に有効なのである。どういうことかというと、仮に出題された英文中に知らない単語を含む文があったとしても、前後関係から、意味をつかみ取ることができるのだ。つまり、最小限の単語力で難解な英文の内容をつかむことができるのである。逆に言えば、文脈力を持たずに長文に対処するためには、膨大な数の単語を覚えなければならないのである。

古文の場合も文脈力の威力は絶大だ。そもそも古語とは言葉の歴史のようなもので、同じ言葉でも時代によって意味が異なったり、時には消滅したりする。つまり、古語の意味を複数暗記したところで、その時文中で用いられているただ一つの意味を決定する文脈力がなければ、なかなか得点には結びつかないのである。

と言うだろう。確かに、その通りだ。だから、文章を読むときは論理だけを意識すればいい。文脈など、こだわる必要は全くない。ただし、**設問を処理するときだけは、必ず文脈をチェックすること。**つまり、**文脈力は設問を処理するときにだけ必要な、直接得点に結びつく力なのだ。**

チューター・メモ

文脈力――これは現代文を解く上で大きな武器になります。文脈力とは、本文中に頻出するキーワード（＝筆者の主張に大きく関わる言葉）を、筆者がどのような意味を込めて使っているかを把握する力のことです。

例えばキーワードが「結婚」であったとして、筆者がどのような意味合いで「結婚」という言葉を使っているかは、文脈から判断するしかありません。辞書的な意味ではなく、筆者が「結婚」についてどう考えているのかが、本文では色濃く反映されます。記述・論述問題では、このようなキーワードの意味を「わかりやすく説明せよ」というふうに聞いてきますが、これはまさに「文脈力」が問われているのです。国立や記述・論述が出題される私大を志望する方は要注意ですね。

難解な抽象語も、文脈力を駆使すれば意味が取れるものなので、現代文の出来る人は、この力が優れているのかなと思います。

ベーシック 演習 4

空所補充問題における文脈力の有効性を確認する

筆者山田洋次は「男はつらいよ」という映画を撮り続けてきた監督。この「男はつらいよ」の主人公が寅さんであることは、諸君も知っていることだろう。

一見非常に読みやすい文章で、しかも寅さんという身近な話題であるが、だからこそ逆に論理を意識することが大切。文章のリズムに流されてしまうと、その背景にある論理構造を見逃してしまうことになる。

この問題文のテーマである「環境問題」は、評論や小論文において最頻出テーマだ。寅さんを通して、環境破壊を嘆いた異色の文章だが、そのテーマは重たいので、しっかり受け止めること。

問題4 山田洋次『寅さんの教育論』(別冊問題集23ページ)

目標

1 文脈力を養成する。
2 空所問題の解法を習得する。
3 環境問題への理解を深める。

全体を把握しよう

冒頭、寅さんの少年時代についての説明が来る。

寅さんの少年時代は決して恵まれたものではなかった。寅さんは父が芸者に産ませた子供だ。生みの母は寅さんを捨ててしまい、父が仕方なく育てることになった。

つまり、寅さんは実の両親から愛情を注がれることがなかったのだ。しかも、秀才である長男が中学生の時に死んでしまったので、父親は長男を引き合いに、寅さんのことを「お前は馬鹿だ」という。勉強が出来ないだけでなく、顔もみっともないと、悪く言う。

そんな寅さんがぐれることもなく、思いやりのある人間になれたのは、なぜかというと、18行目、

> ……………相手の気持になることができるやさしい思いやりをもっているのは、彼がそのように実の親や周囲の人たちから侮辱され、あるいは差別されながら育ったということ、しかも、それだけではなくて、彼が小さいときに、育ての母親が［3］から生まれたのだと思います。

寅さんは不幸で寂しい少年時代を送ったからこそ、弱い人や傷ついた人の気持ちが分かる思いやりのある人になれたのだ。それでも、誰も寅さんに愛情を注ぐことがなかったなら、結局はぐれて世の中に後ろを向く生き方をしていたかもしれない。だが、育ての母が愛情を注いでくれたおかげで、寅さんは愛情のありがたさ、素晴らしさを知ったのである。

さて、筆者はこのように寅さんの生い立ちを説明している。**だが、これは「寅さん」という具体的な話であり、したがって、どこかでそれを一般化するはずである。**

★一般化された箇所（主張）を探す

そこで、その箇所を探していくと、22行目に「**人が成長する背後には、いつも変わらない風景と、いつも変わらない人間関係があることこそ望ましい**」とある。ここで、「寅さん」から「人」と人称が一般化されている。したがってこれは主張であり、以下、この文章はこの主張に縛られるわけだ。

つまり、論証がなされていくわけである。

そう思って見ていくと、論証もまず、寅さんの具体例から入って（8・9・10段落）、それを一般化するという流れになっている。

「変わらない人間関係」については、寅さんが周囲にいる様々な人々と触れ合うことで、人間というものを理解する能力を養ってきたという具体例の後に、「いろんな人と接触することでいろんな知恵を身につける。そしてそれによって**『子どもは自分自身を成長させ』**、**『人間は一人前の大人になっていく』**」（第11・12段落）と述べている。

次に「変わらない風景」については、同じ景色も成長の過程で見方が違ってくるということを、川の例を挙げて述べている。

これらはどういうことかというと、**「同じ人間関係・同じ風景」は、いずれも自分の成長を見ることができるもの**なのだ。つまり、それらが変わってしまうと、人は自分の成長の軌跡を見ることができないのである。

では、なぜ自分の成長の軌跡を見ることができるものがあることが望ましいのか。68行目、

……昔と変わらぬ山を見て、子どものころからその山に投げかけたさまざまな思いを追想し、自分の経てきた人生について考えるということなのでしょう。

そのような風景を見て育った人間は、心が豊かであるに違いない、と思います。その景色と会話し、たくさんの喜びや悲しみをその景色にフィード・バックさせ……

変わらない風景を前に自分の人生を振り返る。それは様々な思いを振り返ることでもある。そして、この行為こそが「心の豊かな人間を形成する」と筆者は考えているわけだ。だから、「**人が成長する背後には、いつも変わらない風景と、いつも変わらない人間関係があることこそ望ましい**」のである。

結局ここまでは、冒頭の主張のくり返し。

★くり返しか、発展形か

さて、冒頭の主張をAとすると、以下、Aを繰り返すだけなのか、Aを前提に次の主張Bに発展するか、論理の流れはこのどちらかしかない**（解法ルール③）**。

このように、論理とは一本道で、すでに分かっていることを確認するように読んでいくのだから、本来、誤読の可能性はあり得ないのである。

そこで、本文を見てみると、

いまの日本は、すさまじい勢いで風景が変わっています。（74行目）

とあり、この例として筆者は、寅さんの舞台となった葛飾柴又を挙げている。葛飾柴又という土地はもう、別の町のように変わり果ててしまったのだ。もはや、「寅さん」のような豊かな人間を形成す

るような環境は、失われてしまったのである。
また、それを受けて筆者は、最終段落で、

……日本という国は、ほんとうにそれでいいのだろうか、それで日本人は幸せなのだろうか、という疑問を観客に持ってほしい。

と述べている。つまり、「風景や人間関係がどんどん変わりゆく現状を見て、それでいいのかと、疑問を持ってほしい」というのが、筆者の最終的な結論。もちろんこれは、「変わらない風景・変わらない人間関係が必要である」という筆者の主張が発展した形である。
したがって論理構成は、

A　人が成長するには変わらない風景と人間関係が必要だ　＝豊かな人間を形成する

⇦　しかし

B　今の日本はすさまじい勢いで風景や人間関係が変わっている　＝豊かな人間は形成されない
（ここには、現代に対する筆者の危機感が込められている）

また、この文章は、一見寅さんの話のように見えるが、寅さんはあくまでA′にすぎず、**実際には異色の環境論**となっているのだ。

設問の解法

問一・二の空所問題は、すべて文脈を捉える練習問題であることを意識すること。

問一

1　直前の「**自分の息子と同じように**」から判断する。妹のさくらとは「わけへだてをすること」なく育ててくれたのである。

2　直後の「**思いやりのある人間**」と、同格。さらに、次の段落の「**相手の気持になることができるやさしい思いやりをもっている**」からも、「人の痛みのわかる人間」だと判断できる。

3　前後の文脈から、寅さんが「やさしい思いやりをもっている」原因を入れたらいいと分かる。それは育ての母親が「ちゃんと愛情を注いでくれたということ」から生まれたのだ。

さらに、直前の「**実の親や周囲の人たちから侮辱され、あるいは差別されながら育ったということ、しかも、それだけではなくて**」から、「侮辱」「差別」と反対の内容が入ると分かる。

4　直前の「**同じ県人だろうと、同じ同窓生だろうと、手を組んでいけない人間ははっきりいるわけで**」、また直後の「**同じ日本人だって〜友だちになれる**」から、「人間と人間のつながりは」、ただそうした〝同胞〟という理由ではなく、「本来もっと別なところ」が答え。

5　これは直前の文と空所を含む文を見れば、すぐに解けるはず。

直前　**柴又は**　**変わらないということが**　**彼には自慢なのです。**

直後　**そこの風景と、そこの土地の人間関係は、**［5］**に、彼がひそかな誇りをもっている。**

この二つの文は、**同じことを表現を変えて言っている**わけ。ということは、重ねてみれば、空所に入るのは2「いつ行っても変わらないということ」と分かるはず。

このように、すべて**空所の前後のつながりから、答えが決まってくる。**文脈力は直接設問に結びつくだけに、決しておろそかにしないこと。

解法ルール8

空所問題は、前後のつながりから答えを決める。

〔答〕　［1］―4　［2］―1　［3］―5　［4］―6　［5］―2

問二

6　直前の「**寅のような子どもは、その成長の過程で、周囲にいるいろいろな人と触れ合うことによって**」を押さえる。さらに、空所直後の具体例から、3「人間というものを理解する能力」を養っていたと分かる。

7　直前の「**いろんな人間に接触する仕方を覚え、そのことから**」から、1「人間のさまざまなタイプ」を理解するのだと分かる。

8　直前の具体例から判断する。まわりの風景が変わらないからこそ、それを前に4「自分の成長を認識すること」ができるのだ。

9　直前の「**そのような風景を見て育った人間は、心が豊かであるに違いない**」から、5「ふっくらとした情緒を脹らませていくこと」が答え。

このように、ここでも文脈力が設問を解く鍵となる。**問一・二**は、ほぼ全問正解を目指すこと。

〔答〕　6—3　7—1　8—4　9—5

問三　消去法による。

1　「寅を『ヤクザもん』に育てた」とあるが、寅さんはヤクザな稼業についてはいるが、実際にヤクザもんになったわけではない。

2　育ての母親が愛情を注がなかったらどうなったのかは、本文中からは判断できない。

3　寅さんは「不幸な少年時代を過ごした」から、柴又に帰ってこれないのではない。

5　寅さんが他人の痛みが分かり思いやりのある人間になったのは、「いつも変わらない風景」のためではなく、「いつも変わらない人間関係」のためである。

7　「葛飾柴又だけはまったく変わっていない」が、事実に反する。

さて、残った三つであるが、たとえば、6「人間味豊かな大人になるためには、なるべくさまざまな性格の人間と触れ合うことが大切だ」とまでは本文に書かれていない。

だが、寅さんは少年時代にさまざまなタイプの人間と触れ合うことにより、人間を理解する能力を育てたのであり、少なくとも、**本文とは矛盾していない。**

このように、設問が「本文の内容と矛盾しないもの」を選ぶのだということを、忘れないでほしい。

〔答〕 4・6・8

■正解■

問一 [1]—4　[2]—1　[3]—5
[4]—6　[5]—2　（各4点）

問二 [6]—3　[7]—1　[8]—4
[9]—5　（各3点）

問三 4・6・8　（各6点）

合格点　40点（満点　50点）

チューター・メモ

問三は、4と8はすぐに答えだと分かりますが、6は本文中に出てくる表現ではないので、「答えにしていいのかな?」と思うかもしれません。しかし、設問には「矛盾しないもの」とあるので、そのままの表現でなくてもOKとなります。
本問のように「設問条件」が正解を導くヒントになることが、入試現代文では多々あります。よくあるパターンは「本文の内容と最も適するものを次の選択肢から選べ」という問題です。この場合注意すべきことは、「最も適する」という設問条件です。つまり、複数の選択肢が本文の内容と合っていたり、逆に合っている選択肢が一つもない、という状況もありうるわけです。前者であれば、より本文の表現と近く、一般的な表現の選択肢が正解で、後者であれば、本文との矛盾が最も少ない選択肢が正解となります。設問条件には、くれぐれも気を付けてください。

ベーシック
演習
5

用語に惑わされず論理を押さえ、文脈力を駆使して設問を解く

もう一つ、文脈力の練習をしてみよう。今回は問題4より難易度が少しアップするので、心して取り組むこと。

一見難解に見えるが、それは「質的価値基準」とか「制度的」とか「分割原理」とか、こういった評論用語が使用されているのが原因。しかし、論理構造自体は単純なので、こうした論文の文体に早く慣れることが必要。

この文章の背景にある近代合理主義への批判は、最重要テーマで、前回の環境問題と並んで、パッケージを変え、手を変え品を変えつつ、繰り返し出題されるので、よく整理しておくこと。

問題5 中村雄二郎『術語集』(別冊問題集31ページ)

目標

1 文脈力を養成する。
2 欠落文挿入問題の解法を身につける。
3 論文の文体を習得する。

全体を把握しよう

★提示される筆者の主張をつかむ

冒頭の文章を見てほしい。

〈正常〉と〈異常〉という区別ほど、ほんとうは多くの難しい問題を含んだ問題であるのに、通常簡単に考えられている区別も少ない。簡単に考えられているというよりすすんで簡単に考えようとしているとさえ言えるほどだ。

まずここで、筆者の主張をとらえることが大切だ。それは、

筆者の主張

1 正常と異常は簡単には区別できない。
2 私たちはそれをあえて簡単に区別しようとしている。

この二点である。したがって、続く本文は、この二点を論証していくはずである。

このように、**評論文に取り組む際には、提示される筆者の主張をつかみ、そして論理展開の指針をたてなければならない。**

さて、第一段落は、この主張の繰り返しになっているが、空所が多数設けられているので、とりあえずは具体例（A′）である魔女狩り（第二段落）から検討していこう。

中世の魔女狩りについては、君たちも聞いたことがあるだろう。魔女と見なされた人間は、公衆の前で、火あぶりなど、ありとあらゆる残虐な仕打ちで殺されていく。それを見せつけられた人々は、自分が魔女と見なされないために、他の誰かを魔女だと密告することになる。この、魔女を密告するという行為は、自分が魔女ではないことの証明になるというわけだ。そうやって、自分の身を守るための密告行為の結果、何百万という人々が、残虐に殺されていったのだ。

これが中世の魔女狩りだが、ここから分かることは、自分が魔女ではない（＝正常である）と証明するためには、魔女（＝異常なもの）と区別する必要があるということだ。そこには、**異常なものに対する人間の根源的な怖れや不安が現れている**のである。

つまり、この**魔女狩りの例は、冒頭で提示された二つの主張の裏付け**となっているのだ。

さて、次の段落では、新たな主張が提示されている。

概念としていえば、〈異常〉とは正常な基準からの逸脱にほかならないけれど、むろんただそう言っただけでは済まない。なんとなれば、その正常な基準というのが、量的な平均値や数的多数性にもとづくだけでなく、質的な価値基準にかかわるからである。

筆者の主張

異常と正常の基準は、質的な価値基準にかかわっている。

異常というのは、本来正常な基準から逸脱していることをいう。しかし、その正常な基準というのは、客観的、数値的な基準だけではなく、質的な価値基準にかかわってくるのだ。その具体例（A′）が、次の段落の知能指数である。

本来、知能指数における正常の基準とは量的な平均値である。したがって、その基準に純粋に基づけば、そこから逸脱したものは、すべて異常となるわけだ。しかし、私たちは知能指数が高すぎる人を一概に異常とは見なさない。なぜかというと、異常と見なす際、そこには量的な基準に加え、好ましからぬものという質的な価値基準も入り込むからである。つまり、その基準をクリアしていれば、量的な正常の基準から外れていても、異常ではないのである。

このように、異常との判断には質的価値基準が入り込み、異常とは〝劣ったもの、好ましからぬもの〟を指すのである。そして私たちは、そうした〝劣ったもの、好ましからぬもの〟から自己を区別することで、自己の優位性をうち立てるのである。ここにも、魔女狩りに似た心の働きが見られるであろう。

このように、**私たちは「異常」との判断に際し、〝劣ったもの、好ましからぬもの〟といった質的価値基準を入れている。**そして、あえて**そこから自己を区別することで、自己の正常性を保つ**のである（第6段落）。

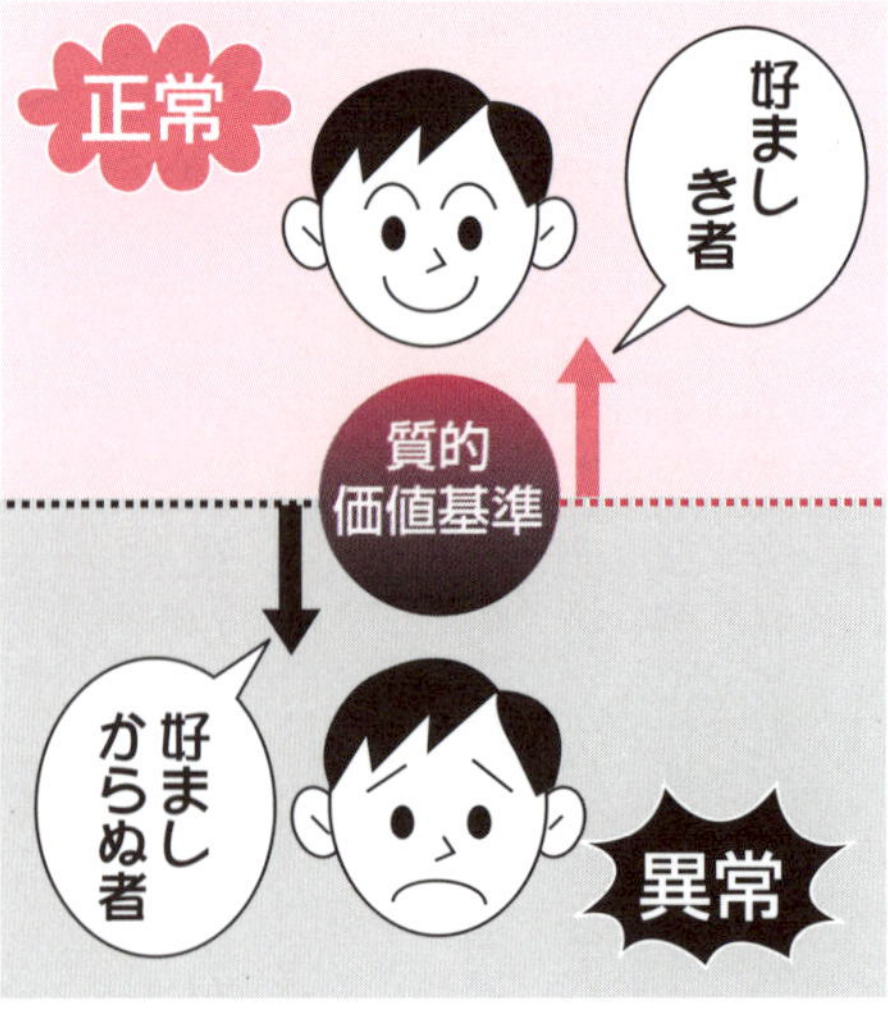

★論理展開を予測しよう

次に進もう。40行目、

……この〈正常〉と〈異常〉という区別は、近代合理主義文明のなかでの〈理性〉と〈狂気〉という区別あるいは分割にもっともよく(14)<u>タイゲン</u>されている。

ここまでは「正常」と「異常」について述べられてきたわけだが、ここからは、その二つがそのまま「理性」と「狂気」に置き換えられて繰り返されることになる。

すると、これからの論理展開は、すでに確定されているということが分かるだろうか。「正常」と「異常」についての、ここまでの論理展開から考えるといいのだ。**(解法ルール②)**

本来、理性と狂気は区別の難しいものである。それなのに、私たちはあえて狂気を理性と区別することにより、自分を理性の側に置こうとする。そこには、狂気を劣ったもの、いかがわしいものとする質的価値基準が入り込んでいる……こうした展開が、先の文章を読まなくても予測できるはずだ。

また、47行目の「しかし」に注目。ここで筆者は、フーコーも指摘しているとして、**「そうした区別や分割は、近代産業社会の要請する労働と怠惰という分割原理によってなされた」**と述べている。ここで新たな主張が提示されているのだ。

筆者の主張

理性と狂気、正常と異常の区別は、近代産業社会の労働と怠惰という分割原理によるものである。

つまり、**近代産業社会が生み出した、「労働は社会にとって好ましいことで、怠惰は好ましくないことだ」という人間が設けた質的な価値基準に基づいた分割原理が、今日まで続く「理性」と「狂気」、「正常」と「異常」の区別を生み出した**、と言っているのである。

この論証を、筆者はフーコーの言葉の引用によってなしている。近代以前は「理性」と「狂気」とは結びついており、分離されていなかった。だが、近代に入ってこの二者の間には距離が生じ、そして狂気は隔離されていく。

しかも、60行目、

> ……………狂気や狂人が理性や秩序から排除され監禁されていくとき、狂人たちは新しいカテゴリーのうちに分類されるようになり、ここに、理性に反する者たちが、秩序（社会的・道徳的秩序）に反する者たちと同一視されるに至った。この場合、施設への狂人たちの収容は、治療のためではなく、彼らを市民生活から(24)カクリしつつ、無為のまま捨ておかずに、労働に従事させるためであった。

「理性」と「狂気」の区別に、近代産業社会の価値観である「労働」と「無為」との区別が重なられ、「狂人」は近代産業社会にとって好ましからぬ者（無為な者）として、犯罪者たちと同じに見なされてきたのである。

これで、主張の論証は終了。近代合理主義によって分離されてしまったものの、もともと「理性」と「狂気」はコミュニケーションを持てていた、互いに理解することができ、結びつきを持っていたのである。それを受けて筆者は最後に、実は、狂気は「**人間の根源的自然として誰のうちにもあるものであり、異常とは日常的な規範あるいは秩序を破って現われる根源的自然の怪異な姿**」（70行目）

なのである、としているのだ。

ここまで読解してくると分かると思うが、この論文を貫いているのは、**すべてを紋切り型に分割する近代合理主義に対する痛烈な批判**なのである。

◆全体の論理構成

A_1 正常と異常は本来明確に区別できないものなのに、私たちはあえて異常を区別することによって、自分たちを正常たらしめようとした（異常への怯え）

⬇

A_2 理性と狂気に関しても、同様のことが言える（本来、狂気は誰のうちにもある自然の姿である）

＝

近代合理主義に対する痛烈な批判

設問の解法

問一は漢字問題、**問五**は論理構造を捕まえる問題、それ以外はすべて文脈の問題なので、必ず空所の前後を意識すること。

問一　どれも基本的なので、全問正解を目指すこと。

〔答〕　⒁体現　⒅普遍　㉓漠然　㉔隔離　㉕示唆

問二　冒頭の文章から考える。

〈正常〉と〈異常〉という区別ほど、ほんとうは多くの難しい問題を含んだ問題であるのに、通常簡単に考えられている区別も少ない。簡単に考えられているというより、すすんで簡単に考えようとしているとさえ言えるほどだ。

これは、**私たちは正常と異常の区別など簡単にはできないのに、あえてそれを区別しようとしている**ということ。

さらに、魔女狩りの例から、**私たちは異常と見なされることを恐れるあまり、相手を異常と見なすことにより、自分を正常の側に置きたがる**ことが分かる。

そこで、空所であるが、自分自身を正常の側に置いて、異常なものと一線を画そうとするのだか

ら、(1)「正常」、(2)「異常」が入る。次の一文も同じことの繰り返し。異常なものとの区別に置いて、自分の正常をうち立てるということ。そこで、(3)「異常」、(4)「正常」が答え。そこにあるのは、異常なものに対する怖れや不安であるから、(5)「異常」が答え。

〔答〕 E

問三 本来、異常とは「量的な平均値や数的多数性」といった正常な基準（客観的価値基準）からの逸脱であるのに、それに加えて「劣ったもの、いかがわしいもの、不安を与えるもの」といった**「質的価値基準」が判断基準として入り込んでしまった**、ということをつかまえればいい。

(6) 直前の「**魔女の実在性はどうでもよい**」から、C「第二義的なもの」が、答え。

(7) 「正常に対する異常」を「根拠づけるもの」だから、E「量的平均値と数的多数性」が答え。

(8) 直前で「**量的な平均値や数的多数性にもとづくだけでなく、質的な価値基準にかかわる**」とある。(7)に「量的平均値と数的多数性」が入ることから、繰り返しと考えると、B「質的な価値基準」が、答え。

(9) 異常とは量的な平均値と数的多数性から判断するものなのに、そこに質的な価値基準が入り込むことの具体例として「知能指数」の例が挙げられているのだから、答えはB「質的な価値基準」。

(11) ここは、本来の正常と異常との区別であるから、E「量的平均値と数的多数性」が、答え。

(12) 直前の「**劣ったもの、いかがわしいもの、不安を与えるもの、病的なもの**」とは、B「質的な価値基準」のこと。

⒀　正常の拠り所が入るから、答えはＥ「量的平均値と数的多数性」。
⒆　直後の「**そのような分割原理が人間によって設定された**」から、理性と狂気の区別は決してＡ「絶対的なもの」でないことが分かる。⒇も同じ箇所を根拠に考えると、Ｄ「制度的なもの」が答え。
㉒　直前の「**労働と怠惰**」から、**対立する二つの概念を含んだ選択肢を選ぶ。**すると選択肢の中では、Ｆ「経済的な有用性と無用性」しかない。

〔答〕　⑹　Ｃ　⑺　Ｅ　⑻　Ｂ　⑼　Ｂ　⑾　Ｅ
⑿　Ｂ　⒀　Ｅ　⒆　Ａ　⒇　Ｄ　㉒　Ｆ

問四　40行目に「**〈正常〉と〈異常〉という区別は、近代合理主義文明のなかでの〈理性〉と〈狂気〉という区別あるいは分割にもっともよく体現されている**」とあることから、**正常と異常の関係が、次に理性と狂気に置き換えて繰り返されることが分かる。**

私たちは異常と見なされることを恐れるあまり、あえて異常を区別することにより、自分たちを正常の側に置こうとするのだから、それと同じように、狂気を理性と区別することにより、自分たちを理性の側に置こうとするのである。

そこから、「⒂『理性』に反するものはすべて⒃『狂気』だとする考え方にもとづいて」いるのだし、その前提になっているのは「⒄『理性』を唯一にして普遍的なものだとする考え方」なのだと分かる。

(21)は、「唯一にして普遍的なもの」だから「理性」。(27)は、直後に「**異常とは日常的な規範あるいは秩序を破って現われる根源的自然の怪異な姿**」とあるから、「異常」に対応する「狂気」が入る。

〔答〕 B

問五　全体の論理構造を理解したかどうかを問う問題。

欠落文は、知能指数の具体例で、その例が示されているのは、22行目の「**たとえば**」から、25行目の「**劣ったものを指すことになる**」までである。このわずか数行の段落のどこかに入るわけで、可能性としては、「**所有者だと見なされている**」の後か、「**劣ったものを指すことになる**」の後かの、どちらかしかない。

そこで、両者を検討するわけだが、「**所有者だと見なされている**」の直後に「**つまり**」という文法的根拠がある。「**つまり**」**とは、イコールの関係を表す接続語**である（**「解法公式集」105ページ**）。そこで、その前後の文を見ると、イコールの関係にはなっていないことが分かる。

知能指数の平均値にいる人が正常の知能の所有者だと見なされている。

≠

質的な価値基準が入り込み、異常とは正常な基準を逸脱するもののなかで、とくに好ましからぬもの、劣ったものを指す。

したがって、ここに欠落文が入ることが分かるのだ。実際入れてみると、

平均値を著しく下まわった知能の持主に対しては容易に〈異常〉というレッテルを貼りえても、平均値をはるかに上まわった知能の持主に対しては、〈異常〉というレッテルを貼られることがほとんどない。

＝

質的な価値基準が入りこみ、異常とは正常な基準を逸脱するもののなかで、とくに好ましからぬもの、劣ったものを指す。

とイコールの関係が成立する。**条件「句読点は一字に数えない」を見落とさないように注意。**

〔答〕 つまりそこ

問六 選択肢を検討すると、まず「異常が指す劣ったものは」と、「異常が指す好ましからぬものは」に分かれる。空所の直後には「たとえば」と具体例が来ているが、「**テレパシー、念力などの超心理学の領域での異常素質の持主**」は、人にはない能力を持っているだけで、決して劣っているわけではないので、「異常が指す劣ったもの」とあるABCを消去。

残ったDEであるが、彼らは決して劣っているわけではないので、E「必ず常に劣ったものである」が間違い。

〔答〕 D

問七　ここでも選択肢は「理性（正気）」と「狂気や異常」に分かれる。さらに**空欄直後の「というのは」という理由を表す接続語に着目**して、続く文を見てみると、

> ……………………………………………………………………狂気とはほかならぬ人間の根源的自然として誰のうちにもあるものであり、異常とは日常的な規範あるいは秩序を破って現われる根源的自然の怪異な姿だからである。

とある。したがって、空所には「狂気や異常」に関しての記述が入ると判断できる。そこで、ABCを消去。

解法ルール 9
解答の手助けとなる、指示語や接続語といった文法的根拠を見落とすな。

また、いま取り上げた箇所から、狂気や異常は、実は誰のうちにもある自然の姿であることが分かる。それなのに、私たちは自分たちが異常や狂気の側に入れられることを怖れ、あえて異常や狂気と区別することにより、自分たちを正常や理性の側に置こうとしたのである。

このように異常や狂気は誰の内側にもあるものだから、DEの「自分の外側の人々に」がダメ。

〔答〕　F

■正解■

問一　⒁体現　⒅普遍　㉓漠然
　　　㉔隔離　㉕示唆　（各2点）

問二　E　（6点）

問三　⑹C　⑺E　⑻B
　　　⑼B　⑾E　⑿B
　　　⒀E　⒆A　⒇D
　　　㉒F　（各1点）

問四　B　（6点）

問五　つまりそこ　（6点）

問六　D　（6点）

問七　F　（6点）

合格点　35点（満点　50点）

チューター・メモ

どうでしたか？　前回までは比較的易しい文章が続きましたが、今回は抽象的な表現が多く、いかにも評論文って感じですね。今回の問題を分かりにくいと感じた人は、①語彙力の不足、②知識不足　の二つが原因です。

本問のような本格的な評論文となると、ある程度の知識も要求されます。「語彙力」は読んで字の通りで、抽象用語に対する免疫が必要です。もう一つの「知識」ですが、これは「近代主義」などの、現代文頻出のテーマに関する知識です。キリスト教文化圏で始まった近代主義では、「善」と「悪」のように、対比的にものごとを捉える二項対立の考え方が前提であることを知っていれば、今回の文章内容が、二項対立の一方を暗黙のうちに排除する近代主義への批判であると、すぐに分かります。

現代文ではちょっとした知識も大きな武器になります。軽く見ると痛い目に合いますヨ！

第3部

心情把握力を養成しよう

文章自体は読みやすいのに、なかなか点が取れない……それが、小説などの心情把握問題の難しさだ。しかし、そこにも確かな解法がある。

この第3部では、文章の読みやすさに惑わされず、確実に心情を押さえることのできる解法は何かを学んでいこう。

問題6を解く前に

小説問題の解法を理解しよう

今まで小説をたくさん読んできたから、小説問題ならば自信があるという人がいる。逆に、小説こそセンスや感覚だから、いくら勉強しても無駄だと諦めている人もいる。

たくさん本を読めばそれで万全なのか。多くの問題をこなせば、それでいいのか。……そうではない。確かに本を読むことも大切だし、問題練習をこなすことも不可欠だが、その前に、小説問題とは何かを知り、その解き方を理解できない限り、何をやっても膨大な時間を浪費するだけで、まったく効果がないのだ。それほど、**小説を読むという行為と、小説問題を解く行為とは、次元が異なっているのである。**

小説と入試の小説問題の違い

たとえば、私たちは小説を読むとき、一ページ目から読み始めるだろう。途中から読み始める人はそう多くはないはずだ。そして、読み進むうちに、言葉による情報が次第に蓄積され、主人公や他の登場人物に関するイメージが明確になってくる。主人公がどのような人物で、どのような性格で、そして今どのような状況にあり、どんな気持ちでいるのかが見えてくるのだ。だから、次の場面を理解できるのである。

ところが、入試問題では、長い小説から切り取った一場面がいきなり提示される。君たちは主人公がどんな人物で、今どんな状況にあり、どのような心情なのか、何一つ分からないままに、その場面を理解しなければならない。このことを考えただけでも、入試で小説問題を解くということと、普段の小説を読むという行為とは決定的に違うのだということが分かる。

では、入試の小説問題は、どうやって解けばいいのか？　一言で言えば、**主観を入れずに、客観的に分析すること**である。問題文を一つのテキストとして、距離を置いて論理的に把握していくのだ。

描写の方法

小説問題を解く場合、もう一つ頭に入れておかなければならない大切なことがある。それは、評論の場合は論理によって説明されるが、小説の場合、論理的な説明が一切なされないということだ。**小説は論理ではなく、描写なのである。**

たとえば、今の主人公の心情が〝悲しみ〟だったとする。このとき、「悲しい」という言葉を一切表に出さずに、その悲しみを読者に伝えるのが、小説の描写なのだ。

では、その心情を伝える描写とはどういったものなのか？

主だった方法は、以下に挙げる三つである。説明をせずに、読者に伝えるという点では、小説は映画やドラマの手法に似ていると言える。

そこで、イメージがつかめるように、ここからの説明は、ドラマ、あるいは映画の一場面を頭に描きながら読んでほしい。

1 動作

主人公が、突然愛する人が死んだという知らせを聞いたとする。その時、延々と主人公が自分の心情を言葉で説明するようなドラマはないはずだ。突然、コーヒーカップをガチャンと落とすとか、その場で卒倒するなど、そういった動作で主人公は自分の心情を表現する。

小説も同じだ。何ページにも渡って心情の説明がされることはない。この**〝動作〟が、小説問題では心情を表す大切な根拠となる。**

2 セリフ

セリフはもちろん言葉である。しかし、そこにはロジックがまったく抜けている。また、自分の心と裏腹のことを言う場合もある。

先ほどと同じく、主人公が、愛する人が死んだという知らせを聞いたとしよう。その時、主人公が胸をかきむしるような悲しみに襲われながらも、精一杯平静さを装って、「ふん、いい気味よ」と言ったとする。君たちはそのセリフから、言葉と裏腹な心情を読みとらなければならない。言葉では憎まれ口をたたきながらも、深い悲しみを抱えているという心情を、**セリフを含め、その前後関係から読みとらなければならない**のである。

3 情景描写

怪奇映画を頭に浮かべてほしい。

主人公が古びた洋館の扉を「ギギギ……」と開ける。そこは何年も誰も住んでいない館。すると、扉の向こうの長い廊下が、目に飛び込んでくる。その角を曲がれば、目指す部屋に辿《たど》り着くのだが、その角の向こうから何か重たい気配が漂っていて、思わず足がすくむ。

この時、カメラは何重にも特殊効果を使って、薄暗くて、何ものかが潜んでいそうな情景を撮っていく。それは、現実にそのような情景があるのではなく、主人公の怯《おび》えた瞳に写った主観的な光景なのだ。逆に言うと、そういった情景をカメラで撮ることで、何も説明せずに主人公の心情を表現することができるのである。

小説の問題では、そういった動作、セリフ、情景描写に傍線を引き、その時の登場人物の心情を答えさせる問が設けられるのだ。

小説問題で確実に得点するには？

さて、私たちは実際に小説を読む場合、いったいどのように登場人物の心情を読みとっているのだろうか？

自分の心でもなかなか分からないのに、ましてや他人の心など分かるはずがない。そこで、私たちは自分の心情から、登場人物の心情を推測することになる。自分なら哀しいから、彼女もさぞかしつらいに違いないと、一瞬のうちに、無意識に思いこむのだ。これを〝感情移入〟という。

動作、セリフ、情景描写
⬅
感覚というフィルター
⬅
登場人物の心情

この感情移入が強くなると、自分も主人公と一体になって、ハラハラドキドキすることができる。小説の面白さはここにあるのだが、逆に自分の気持ちから登場人物の気持ちが推測できなくなると、その物語に入り込めずしらけてしまう。つまり、この感情移入は、自分の感覚というフィルターを通すため、人それぞれの解釈を生み出してしまうのだ。

ただ小説を読むだけなら、それでもちろん構わない。しかし、入試において、こうした感覚的な読み方をすると、たまたま出題者と波長が合えば、面白いほど高得点を取るが、そうでないと、とたんにひどい点数を取ってしまうということになる。要は、**成績にむらができる**わけだ。

だが、これでは、いつ爆発するかも分からない爆弾を抱えているようなものだ。では、どうすれば小説問題で確実に得点できるのか？

よく「主人公の気持ちになって考えてごらん」といった指導をする先生がいるが、それはまったく逆である。いかに主人公の気持ちにならず（感情移入をせず）、**テキストと距離を置いて客観的に心情を把握できるかが勝負**なのだ。

そのためには、先ほど挙げた**心情を表す三つの描写方法、動作、セリフ、情景描写を、すべてチェ**

ックしながら読んでいくこと。他にも、主人公がどんな状況にあるのか、いまどのような場面なのか、与えられた場面を客観的に把握できる根拠があれば、すべてチェックしていく。

そして、設問を解く際には、傍線部だけで判断しないこと。傍線前後の心情から考えていく。というのは、傍線の直前や直後の心情が「悲しみ」ならば、やはり傍線部の心情も「悲しみ」だからである。必ず心情を押さえた上で、設問を考慮しなければならない。基本的には、何の理由もなく、突然心情が変化することはない。変化する場合には、必ずその根拠があるはずだから、そこをしっかり押さえればよい。

さて、この際、注意すべきは、傍線の直前直後の心情から考えるのであって、離れたところの心情は、心情が変化している可能性があるので、あてにはしないこと。

また、文脈を押さえ、他に文法的根拠などがあれば、それもチェックすること。そうやって、登場人物の心情を、いかに主観を入れずに客観的根拠から把握するかが、小説問題で得点するためのポイントなのである。

小説問題の解法

1 登場人物の心情を表す、動作、セリフ、情景などを、すべてチェック。
2 他の客観的根拠を、すべてチェック。
3 傍線部の心情は、前後の心情や他の客観的根拠、さらに文法的根拠や文脈などから、客観的に判断する。

ベーシック 演習 6

客観的描写を押さえ、そのつながりから、心情を把握する

それでは、小説問題の解法が頭に入ったところで、実際に問題に取り組んでみよう。

今回は小説の問題の解き方を理解するためのもので、一見読みやすいため分かった気になるかもしれないが、ゆめゆめ油断しないように、完全な理解に努めること。

評論にも論理があるように、小説にも小説の論理がある。だから、小説が入試問題として成立するわけで、君たちは闇雲《やみくも》に文章を読み、行き当たりばったり設問に答えるのではなく、この小説の論理をしっかりつかまえること。そうすることで、小説家の手の内がすけて見えることもあり、その面白さは格別であろう。

問題 6 連城三紀彦『白い言葉』（別冊問題集39ページ）

目標

1 小説問題の解法を習得する。
2 小説における描写を丁寧に追う。
3 レトリックを見抜く。

心情を把握しよう

この問題も、やはり長い小説の途中の場面が、いきなり提示されている。君たちは主人公がどんな人物で、いまどのような状況なのか、一切分からないまま、この場面を読み進めていかなければならないのだ。

であれば、なるべく早い段階で、客観的根拠をつかまえ、この場面の状況を把握しなければならない。

> 娘の学校から電話がかかってきたのは、佳子が部屋の整理をしている真っ最中だった。
> 「直美さんが、白紙のまま答案用紙を出して……」

どうやら、主人公の佳子は主婦で、娘が学校に通っているらしい。そして、学校からの電話では、娘の直美が白紙の答案を提出したという。

君たちは白紙の答案を出したことがあるだろうか？　もし勉強不足で問題が解けなかったとして

も、何とか少しでも点数を取ろうとして、勘で答えを書くはずである。設問には、記号問題もあるはずで、それならば分からなくても、とりあえずは答えられるはず。

こうして考えてみても、白紙の答案というのは明らかに意識的であり、故意にやった行為なのだ。

A′ 直美が白紙の答案を提出した。

君たちはこの直美の動作から、彼女の心情（A）を把握しなければならない。

このように、心情をA、描写をA′とすると、小説でもA′→Aという関係が成立する。**小説問題では、動作、セリフ、情景描写などから、登場人物の心情を把握していけばいい**のだ。

引き続き、客観的な情報を収集していこう。

……直美は父親似である。

昨夜も夫が「これじゃ家じゃなく物置だな」そう言って斜めに折った冷たい視線を見ながら、最近直美が見せる目つきとそっくりだと考えた。

中学三年になってから、たしかにそんな②フキゲンな顔で部屋に閉じこもるようになったが、受験勉強のきびしさにいらだっているのだろうと見過ごしてきたのだ。

直美は父親似で、最近ますます似てきた。中学三年になってから不機嫌になり、部屋に閉じこもる

ようになったが、佳子は受験勉強の厳しさにいらだっているのだろうと思っている。
　ここで得られた新たな情報は、

1　直美は中学三年生で、受験勉強をしていること。
2　ますます父親に似てきたこと。
3　最近不機嫌で、部屋に閉じこもりがちだということ。

　さて、佳子は電話のあった翌日、娘をデパートに連れ出すことにした。そして、デパートの食堂で、佳子は直美に向かって、たわいない話の後に、自分の体験を吐露《とろ》する。この時、もちろん、白紙の答案のことが佳子の脳裏にはあるのだが、最近不機嫌で扱いにくくなった直美に、直接問いただすことがためらわれ、自分の体験談から入ったのだろう。

……………………………………「この食堂、お父さんとお母さんが初めてデートした場所なの。昔とはずいぶん変わったけど……小学生のころ、直美よく二人がどうして結婚したか聞いたわね。もう大きくなったから教えてあげる。お父さんがね、B白紙の泥沼からお母さんを救いあげてくれたのよ」

すると、直美は「白紙」という言葉に敏感に反応する。もちろん、自分が白紙の答案を提出したことが、頭にあったからだ。

★エピソードから直美の心情をつかむ

本文に沿って、佳子のエピソードをまとめておこう。

佳子が三十も間近になったころ、彼女のアパートに差出人の名前もない奇妙な手紙が届くようになった。中には一枚の便せんがあるが、何の文字もない。それが、週に二、三通は届いた。

その際の、佳子の心情を表す根拠を探していくと、26行目、

> ……白い便箋の無言は、電話の無言よりも④威圧感があって、佳子は蒸し暑い晩もカーテンをしっかりと閉ざした。

さらに32行目、

> 閉ざしたカーテンのむこうから白い目に一晩中⑤カンシされているような恐怖があった。

これらから分かるように、**佳子はその手紙にただならぬ恐怖を感じていた**のだ。そうして彼女を苦しめる白紙の手紙は一夏も続き、秋風が立つころ、ようやく途絶えた。それでも、佳子には後遺症の

ようなものが残ったのである。

だが、そんな恐怖を感じながらも、彼女は「次は何か書いてあるかも」との期待から、引き出しに白紙の便箋をためていた。そうしてたまった何十枚もの白紙の便箋に、彼女は音沙汰なしになっていた昔の知人たちに手紙を書くことにした。

七人出した手紙のうち、返事をくれたのが三人で、そのうちの一人が高校時代ちょっとした交際があった野球部員だった。手紙には「今度あいませんか」と書いてあり、それが今の夫である。

これが佳子が娘に語った話の概要だが、話題を何とか白紙の答案に持っていこうとして、佳子は**「でも、何も書いてない手紙って脅迫状と変わりないのよ」**と直美に言う。
すると、それまで黙っていた直美が、意外なことを言い出したのだ。

「その犯人、お父さんよ」

直美が不意に口を開いた。

「お母さんの、物を棄てられない性格知ってて、いつかその白紙を使って自分にも手紙をくれるかもしれないって……


この問題文で肝心なのは、**白紙の答案を提出した直美の心情**である。これを客観的に把握しなければばならない。

ところが、筆者は言葉で明確に説明せずに、それを読者に伝えようとして、様々な工夫をする。その一つが、この佳子が夫と出会ったエピソードなのだ。

なぜ、佳子が今までまったく気がつかなかったことを、直美が一瞬のうちに分かったのか？

「直美、あなた、北沢先生に恋してるの？」

直美が父の気持ちを一瞬にして把握した直接の根拠は、この佳子のセリフだが、そこに至るには、伏線として直美が父に似ているということ、そして冒頭の白紙の答案のエピソードが重なってくる。

つまり、

直美がなぜ白紙の便箋の主は父であると判断したのか？

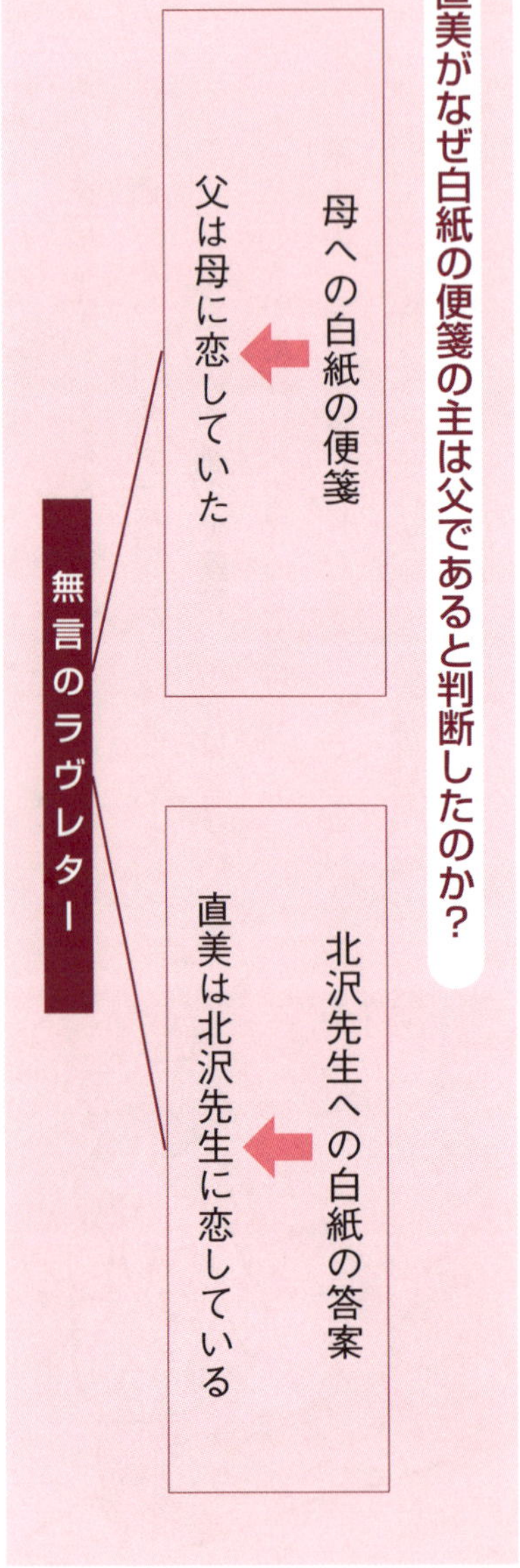

　このように、**客観的描写から相関関係を押さえることが大事。**直美は、自分の白紙の答案が北沢先生への「無言のラブレター」であるから、白紙の手紙が父から母への「無言のラブレター」だと分かったのだ。

　父も直美も、一人の人を激しく思う性格なのであろう。だが、直接口に出して自分の気持ちを告白することはできない。だから、白紙の手紙や答案を出すことによって、いつか相手が気づいてくれるのを待とうとする。直美は北沢先生に恋しているからこそ、当時の父の気持ちが、手に取るように理解できたのである。

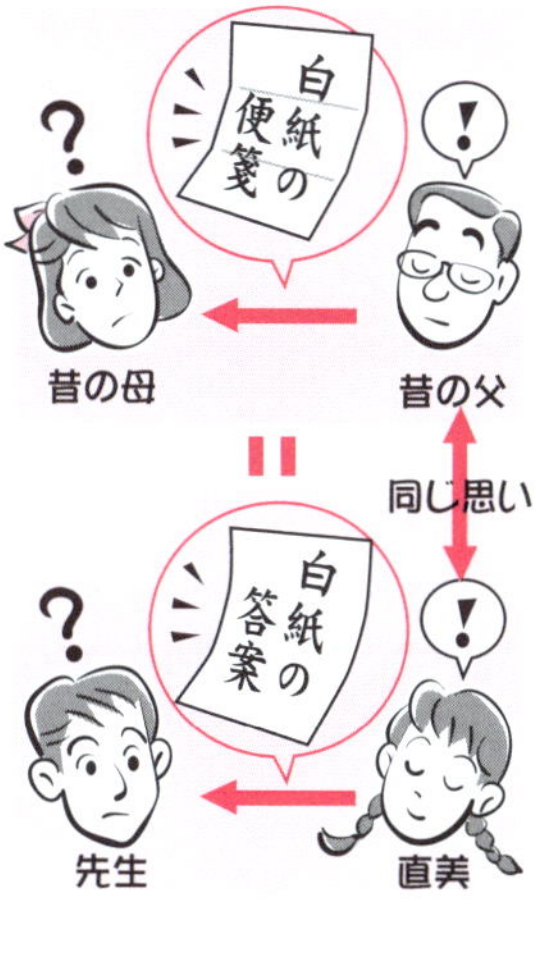

　こうしたつながりは、評論のように明確には説明されていないが、すべてのエピソード・描写がこの主題（白紙の答案を出すという直美の心情）に向かって収れんされている。これも、小説におけるロジックの一つである。

解法ルール 10

小説では客観的描写のつながりを押さえて、主人公の心情を把握する。

設問の解法

　今回の問題文は直美の心情、つまり北沢先生に対する恋心と、白紙の答案という表現方法に焦点がある。そこで、直美の心情が把握できたかどうかが、当然一番大きなポイントとなる。

問一　どれも基本的である。勝負は③が読めたかどうか。

〔答〕　①　困惑　②　不機嫌　③　びんせん　④　いあつかん　⑤　監視

問二　どちらも慣用的な意味を聞いているだけ。

〔答〕　A　とりとめない　B　消息や便りがないこと

問三　小説の設問の多くは、**レトリック（修辞）が絡む問題**である。

レトリックとは、あらゆる表現上の技巧を指す。このレトリックを意識することにより、設問のポイントが見えてくる。特に、小説や随想問題といった**心情把握の問題は、レトリックを見抜けるかどうかが大切**である。

この設問は、傍線部の**「白紙の泥沼」というレトリックの意味を把握できたかどうかがポイント。**

これは、続くエピソードにおける、佳子の心情を示した言葉なので、エピソード内の心情を表す根拠から考える。

26行目に、**「白い便箋の無言は、電話の無言よりも威圧感があって、佳子は蒸し暑い晩もカーテンをしっかりと閉ざした」**とある。つまり、白紙の手紙が届けられることで生じた、**佳子の感じた威圧感を、「白紙の泥沼」と比喩的**

に表現したのである。そこから救い出してくれたのが、今の佳子の夫だったのだ。

まず、傍線部は佳子の心情であって、直美のそれではないので、「白紙の答案」となっているア、ウはダメ。イは「野球部員だった父さんが宛て名を教えてくれた」が、事実と反する。オは「白紙がたまってこまっている」が間違い。

〔答〕エ

問四　これも**レトリックの問題。**

解法ルール11
レトリックは、一般的な表現に直すのが基本。

「無言の手紙」とは、送られてきた白紙の便箋のこと。「夜を奪った」は、夜、眠れなくなったこと。

後は、なぜ佳子が夜眠れなくなったのか、この時の心情を押さえればいい。すると、傍線直前の**「閉ざしたカーテンのむこうから白い目に一晩中監視されているような恐怖があった」**が、その根拠。

ア「一晩中手紙が書けなかった」、イ「夜の娯楽番組を見ることができなかった」、ウ「こわい夢ばかり見て眠れなかった」、オ「手紙を書く時間がなかった」が、それぞれ間違い。

〔答〕エ

問五　この時の直美の心情をつかまえる。本文中で直接説明はされていないが、母である佳子の言動から、読者が自ずと理解できるように描写されている。**（解法ルール⑩）**

まず、**直前の「無言のラヴレター」をチェック。**直美は父親似。その直美が、父が母に無言のラブレターを送り続けていたと察したのである。先ほどの相関図（110ページ）を見ても分かるように、ここから、直美が恋をしていると推測できる。直美はこの時、自分の心情に重ね合わせて、父の気持ちを考えたに違いない。

もちろん、本文にそうはっきりと書いてはいない。だが、**小説の描写というのは、必ず何らかの意味、意図があるものなのだ。**そもそも何の脈絡もない不必要な描写があるはずもないし、ましてや、そんなものが入試問題として出題されるわけがないではないか。

そして、その**意味、意図は、他の描写との関連で考えなければならない。**それが、あえて言えば、小説の論理である。

したがって、この描写も冒頭で提示された直美の白紙の答案につながるものでなければならず、さらには、傍線直後の「**その一点に、一人の男の顔が浮かんだ**」「**直美、あなた、北沢先生に恋してるの？**」とつながるはずである。

ア「宇宙のことを考えて気をまぎらそうとしている」、イ「きょうは気分がいいので真っすぐ天井の光の方を見ている」、ウ「母親に愛想が尽きて、あきれて軽蔑している」、エ「母親へのいらだちを表している」などは、他の描写との関連性がなく、したがって直美の心情と異なるから、ダメ。

〔答〕　オ

問六　「文中の十文字」という**字数条件に着目**する（**解法ルール⑦**）。「十字以内」ではないので、かなり範囲が絞れるはず。さらに、抜き出すのは娘の直接のセリフでなければならない。

これだけの条件を満たすのは、53行目にある「その犯人、お父さんよ」しかない。

〔答〕　その犯人、お父さんよ

問七　まず、「白い言葉」という小説の表題を示すキーワードを二つ、文中から抜き出す。

「白い」は「白紙の答案」「白紙の便箋」から、「白紙」というキーワードが必要だと分かる。

次に「言葉」であるが、どんな言葉かと検討すると、この場面の中心は明らかに直美の心情だと分かる。「言葉」とは、自分の意志や感情を誰かに伝達する手段である。そこで、直美が北沢先生への恋心を伝えようとするのが、ここでの「言葉」の意味だと分かる。

もちろん、この場合の「言葉」は、具体的にいえば、白紙の答案そのもの。ただ、そのままでは「白い言葉」と同じくレトリックの範疇《はんちゅう》を出ず、「説明せよ」という設問条件を満たしたことにはならない。**「説明する」とは、一般的な表現に直すことなのだ**（**解法ルール⑪**）。

直美は白紙の答案を提出することで、北沢先生に自分の恋心を伝えようとしている。かつて、父が白紙の手紙を送り続けることで、母に自分の気持ちを伝えようとしたのと同じように。このことを、「白紙」「恋」の二つのキーワードを使って、「十二文字」で表現すればいい。

〔答〕　白紙に込められた恋の思い

問八　この小説の主題は、何度も説明しているように、**白紙の答案に込められた、直美の恋心**である。

イ「無言電話の恐怖は今も変わらず」、ウ「返事を書きたい衝動をおさえていた」、オ「恐怖を感じるのは誤解である」などは、いずれも佳子の心情に関することなので、ダメ。

残った二つであるが、アの「微妙な心の揺れ」では「恋」と判断できず、具体性に欠ける。さらに、エ「恋を打ち明けるような意思表示」と比較すると、白紙の便箋、白紙の答案の要素が含まれていないから、不可。

〔答〕　エ

今回の問題は、選択肢に紛らわしいものがなく、その意味では簡単であったかもしれないが、答えに至るプロセスは重要であるから、正確に理解するよう努めてほしい。

■正解■

問一 ① 困惑 ② 不機嫌 ③ びんせん
④ いあつかん ⑤ 監視 （各2点）

問二 A とりとめない
B 消息や便りがないこと （各3点）

問三 エ （5点）

問四 エ （5点）

問五 オ （5点）

問六 その犯人、お父さんよ （6点）

問七 白紙に込められた恋の思い （6点）

問八 エ （7点）

合格点 35点 （満点 50点）

チューター・メモ

「小説は苦手！」という人は多いでしょう。かくいう私もその一人でした。「なんでこの答えがダメなの？」と首をかしげることが多かったことをよく覚えています。しかし、だからこそ知識や思い込みでは解けない、正確な読解が要求されると言えるのではないでしょうか。例えて言うならば、登場人物のセリフや行動・情景描写を状況証拠として推理し、設問というトリックを暴いていく、ベテラン刑事となることが必要なのです。

例えば問五では、傍線部Eのところまででは、答えを絞ることができません。しかし、次の行の「その一点に、一人の男の顔が浮かんだ」という記述が出てくると、直美から北沢先生への熱い視線（＝恋心）が傍線部Eの内容だと分かり、答えはオとなります。

このように、たった一文が設問を解く決定的な証拠となりうるので、小説では徹底的な読みを心掛けましょう。

問題7を解く前に

随想問題の解法を理解しよう

随想（随筆・エッセイ）とは、何か?

評論と随想を区別する、明確で確実な根拠はどこにもない。作者が評論として書いたなら評論で、随想として書いたのならば随想である。だが、問題を解く上で、この区別は時には重要になる。

そこで、**随筆とは作者の心情を綴《つづ》ったもの**と定義しよう。すると随想は、評論とは違って、心情把握の問題となる。

随想　作者の心情を述べたもの

たとえば、「枕草子」に関する文章であっても、評論ならば、そこに筆者の主観は入ってこない。「枕草子」とはどんな作品であるのか、筆者は自分の主張を証拠を挙げながら論証しなければならない。

それに対して、「私にとっての『枕草子』」ならば、「私」の心情が中心となる。「枕草子」に対する「私」の思い出、好きなところ、影響を受けたことなどがそれである。その場合は、「枕草子」に関する「私」の心情が中心なのだ。

こういった文章は、問題を解く上で評論とは区別されなければならない。

随想問題の攻略は、レトリックの攻略にある

さらに、もう一つ重要な相違点がある。それは何かというと、**言語や表現方法が異なる**のである。

評論の場合は、評論の用語、文体が使われる。したがって、そういった抽象的な言語や思考にある程度なれた人にとっては、評論の方がかえって誤読の余地が少なく、読みやすい。

ところが、随想では一般的に論文の文体は使われない。それどころか、流麗な文体が用いられる。そこで、読みやすい評論と思って読んでいくと、大きな失敗を犯してしまう。記述問題だと、設問を解く際、何を書いていいか分からないという事態に陥ってしまう。なぜか？

それは、文章に用いられているレトリックにある。私たち一般の人間が書く文章は、レトリックなど使わない、素直なつたない文章だから、活字通りに読んでも、誤読をすることなどないだろう。ところが、入試で出題される文章は、小説家を初め

とする一流の文筆家の名文なのだ。そして、そうした文章は、レトリックを多用した文学的文章なのである。

したがって、君たちは**随想問題を攻略するにあたって、レトリックを論理的に把握する方法を学ばなければならない。**

随想と評論の共通点・相違点を把握しよう

だが基本的な読み方としては、随想は小説よりも評論に近いと言える。というのは、随想は小説とは違って、不特定多数の読者という他者を意識して書かれたものだからだ。そのため、**筋道を立てて自分の心情が説明される。**その結果、評論と同じように論理を追っていけば、自然と設問の答えが得られるのである。実際、評論と随想の区別が付かない問題文も往々にしてあるのだ。

それでも、随想だと意識することによって、作者の心情に着目できるし、文学的表現を見抜きやすくなる。そうした意味で、問題を解く上では、評論と随想を区別することが非常に有効なのである。

	評論	随想
主題	現代の日本に対する筆者の何らかの普遍的な意見	作者の心情
文体	評論用語・評論の文体	レトリックを多用した文学的表現
共通点	共に論理を駆使していること	

チューター・メモ

随想問題は、評論文よりも読みやすいのですが、問題に答えるとなると、予想以上に難しいものが多いのが特徴です。問題7などは易しい問題が多いので余り「困る」ということはないかもしれませんが、これが記述・論述やひねった客観になると、ハタと手が止まってしまいます。とくに記述・論述では、文章の大部分が具体例やレトリックで占められているので、「説明せよ」とあっても、どう「説明」するのかが分からなくて、パニックに陥ることも考えられます。

　ではどうすればいいかというと、頼りはやはり論理の力です。文章の多くが具体例やレトリックで占められるので、それらが何を指しているのかを常に考えて読むしかありません。「具体例・レトリック」を「一般化」するという読解の基本作業が、評論文よりも難しくなったのが随想文だと覚えておきましょう。

ベーシック演習 7

随想問題は評論と小説の融合。論理を追いながら筆者の心情をつかむ

随想問題は、評論を読むように論理を追いながら、筆者の心情をつかむ。そして、文学的表現に惑わされないよう、注意する。この2点がコツだったね。そうすると、随想問題は評論でもなく小説でもない、いわば両者の融合問題といったところだ。今回の問題を通して、随想の解き方をしっかり身につけよう。

さて、今回の問題文も読みやすく、文学者の流麗な文章なので、逆に論理を意識しないと、読み流してしまう恐れがある。その結果、簡単だと思うわりには、思わぬ失点を重ねてしまうことになる。

実は、段落分けも、抜き出し問題も、結局は論理を追えたかどうかを試すものなのだ。

問題7 中村真一郎『夢の復権』(別冊問題集47ページ)

目標

1 随想の解法を習得する。
2 背後に隠された論理をつかむ。
3 段落分け問題の解法を理解する。

心情を把握しよう

冒頭、筆者のエピソード（A′）から始まっている。**A′から始まった文章は、Aを探して読むのが鉄則**（**解法ルール①**）。

楽屋で親しくつきあっている女優と雑談を交わしていると、彼女は舞台が終わったので鏡に向かって化粧を落としていく。そこには私が一度も見たことのない彼女の素顔があった。彼女はそれを見て驚いた私に気づき、さりげない手つきで顔を覆うと、手早く今度は人前で見せる化粧顔に仕立てていった。

ここまで（24行目まで）が、女優の顔のエピソード。

次に「**もうひとつ、別の女優の話**」とある。ここからが、もう一つのA′である。

ある半盲に近い近視である女優が、テレビ撮影のために初めてコンタクト・レンズをつけ、私と顔

を合わせた瞬間、**「あなたはこういう顔をしていたのね」**と奇声を発したという話。つまり、普段彼女の瞳に映っている「私」の顔は、**「何とも判らぬ、あるイメージのかたまり」**に過ぎず、彼女はそれに向かって、微笑を投げかけていたのだ。

さて、二つのA′があったので、次は当然、Aを探していかなければならない。すると43行目、

この二つの例によって判るように、他人の顔も自分の顔も、私たちが普段、考えているようには固定的なものではない。

とある。具体例（ある女優と自分の「顔」）から、一般化（「顔」）が行われているのだ。つまりここが、A。

このように、論理を意識するから、大切なところに気づくのである。ただ漠然と読んでいたのでは、何が大切で、何が大切でないのか、判断がつかないではないか。

また、筆者は「顔」について、さらに考察を深めている。48行目、

……顔は心の表現であるのだから、その顔が流動的なものになるということは、その奥にひそむ心がやはり浮動的なものだということである。

すると、論理構成は次の通り。

◆全体の論理構成

A′ A′ 他人の顔の具体例
A′ 自分の顔の具体例

⬅

A 顔とは固定的なものではなく、流動的なものだ。それはその奥にひそむ心が浮動的なものだからだ。

つまり、この文章は、筆者の顔についての心情を吐露したものだったのである。

設問の解法

問一 **段落分けの問題。**論理構造を理解していれば、すでにこの設問の答えは出ている。

A′ 他人の顔の例
⬇
A′ 自分の顔の例
⬇
A 筆者の主張（心情）

〔答〕 もうひとつ〜けて来た。

問二 これも**論理を追ったかどうかを問う問題。**

二人の女優の話は具体例だが、何の具体例かは君たちが勝手に判断することではない。43行目にこの二つの例によって判るように、他人の顔も自分の顔も、私たちが普段、考えているようには固定的なものではない。

とあるので、「他人の顔」と「自分の顔」の例だと分かる。

〔答〕 他人の顔・自分の顔

問三 二つの女優の話はともに「顔」に関する具体例だから、**重ねるように解釈する。**一つ目は「他人の顔」の具体例だから、「素顔」とは女優のもともとの顔を指す。それに対して二つ目は、「自分の顔」の具体例だから、筆者のもともとの顔を意味する言葉を探すと、27行目にある「こういう顔」が答えとなる。

〔答〕 こういう顔

問四 一つ目の「他人の顔」の具体例における、「**いつも雑誌のグラビアなどでおなじみの、魅力に満ちた彼女の美貌**」とは、「素顔」とは対照的な、人前で写っている顔のことである。それに対応するものを二人目の女優の話から抜き出すのだが、これは「自分の顔」の例だから、女優に筆者の顔がどのように映っているかを考えればよい。すると、40行目の「**何とも判らぬ、あるイメージのかたまり**」が答え。32行目の「**漠然とした輪郭**」も候補となりうるが、**設問条件である「二十字以内」を考慮**すれば、40行目のほうがより適切である。

〔答〕 何とも判らぬ、あるイメージのかたまり

問五 全体として基本的だが、イの「皮膚」が書きにくかったかもしれない。

〔答〕 ア 拍子　イ 皮膚　ウ いなかおんな　エ 小柄　オ たちま（ち）

■正解■

問一 もうひとつ～けて来た。（10点）

問二 他人の顔・自分の顔（各5点）

問三 こういう顔（10点）

問四 何とも判らぬ、あるイメージのかたまり（10点）

問五 ア 拍子　イ 皮膚　ウ いなかおんな　エ 小柄　オ たちま（ち）（各2点）

合格点 40点（満点 50点）

チューター・メモ

今回の文章は、随想にしてはかなり論理構成がはっきりしているぶん、解き易かったと思います。また、抜き出し問題が中心なので余り迷うところはないのですが、問三の「こういう顔」という答えに「こんな答えでいいのかな？」と思った人もいたのではないでしょうか。随想文はとても具体的な記述が多いぶん、ときには本問のような「おや？」と思わせるような答えもあります。これも随想の特徴なので覚えておきましょう。

また、今回の文章は終わりのほうで「顔の流動性」から「性格の浮動性」へと話が発展しました。そして、「性格の浮動性」については、本文中にはチラッと出てくるだけです。おそらくこの結論の論証がないので問題に関わってはこなかったのでしょうが、普通はこの結論について設問が設けられるものです。そのときは、今まで述べてきた「一般化して考える」ということを忘れないように。

問題8を解く前に

レトリックとは何かを理解しよう

これまでにも何度か登場している〝レトリック〟について、ここで少し詳しく説明しておこう。

入試問題は与えられた文章の内容を、時間内に正確に理解できたかどうかを問うもので、それが問題文として選択される限り、何らかの理由で簡単には理解しにくい文章だと言ってよい。

たとえば、評論。そこで使われる評論用語、文体、そして取り上げられている現代に対する何らかのテーマ、こういったものは、私たちが日常それほど慣れ親しんでいないものである。あるいは小説であれば、ある場面がいきなり提示され、私たちはそれを客観的に把握しなければならない。このような小説の読み方も、また非日常的行為といえるだろう。

こうしたことからも、現代文はセンスや感覚だとか、所詮日本語だから勉強しなくても何とかなるとか、こういった甘い考えは一切通用しないことが分かるはずだ。**入試問題を読むということは非日常的行為であって、単なる読書とはまったく違う**のである。

同じことは、随想にも言える。随想は、一見読みやすい文章だが、出題されるには、何らかの仕掛けが隠されているはずだ。それがレトリックである。

では、このレトリックとは何か？

レトリックとは修辞のことで、**文章を巧みに見せる、表現上のあらゆる技巧**を指す。その代表的なものは、現代文であれば比喩で、古文では掛詞《かけことば》や枕詞《まくらことば》、縁語などがそうだ。このレトリックを勝手に解釈すると、個々人のセンスや感覚に左右される問題となってしまい、ばらつきが生まれてしまう。

だが、現代文において求められる答えは一つだ。ということは、**レトリックも文章中から論理的な根拠を押さえて解釈することが必要となる。**であれば、様々なレトリックが駆使されている随想問題を読むことも、また非日常的行為といえるだろう。

どんなに読みやすく感じようとも、漠然と読んだだけで理解できる文章など、入試問題として採用されるはずがない。そのことを、肝に銘じておこう。

レトリックをどう解釈するか

さて、レトリックも論理的に解釈していくことが大切であると言ったが、そもそもなぜ筆者はレトリックを駆使するのだろうか。

それは、自分の主張を読者に分かってもらうためである。主張とは、ある種の普遍性を持ったものであることは、すでに指摘した。普遍的なものには形がなく、それゆえ、肉体の制約を受けている私たちには実感が持ちにくい。そのため、私たちは「頭では分かるのだが、、何かピンとこない」と言ったりする。

こうした状況の際、筆者は形のない主題を、何か形のある、あるいは読者が実感しやすいものに置き換えるのである。これが「比喩」で、比喩はレトリックの最も代表的なものである。

したがってここに、次の公式が成立するのだ。

A――筆者の主張する命題

＝

A″――レトリック（比喩など）

発展学習　直喩と隠喩

比喩には直喩と隠喩（メタファー）がある。これは必須の学習事項だ。

直喩とは直接の比喩、たとえば、「君の瞳はダイアモンドのようだ」が直喩である。それに対して、隠喩とは隠された比喩、つまり、「～のような」「～みたいな」が省略されたものである。「君の瞳はダイアモンド」、これが隠喩であり、ここでは「ように輝いている」が省略されている。

入試では、たいてい隠喩が出題されるが、その場合は、いったん直喩に直して考えればいい。

たとえば先ほどの隠喩に対して、「『君の瞳はダイアモンド』とはどういうことか、説明せよ」という設問があったとする。「君の瞳」と「ダイアモンド」はイコールの関係にあるわけだから、どういう点が共通かを考えると、「輝いている」だから、「君の瞳はダイアモンドのように輝いている」と、直喩に直して説明すればいい。簡単だが、これは、「君の瞳」＝「ダイアモンド」という論理的関係から、答えを導いているのである。

言葉だけの説明では分かりづらいだろうから、具体的な例で見てみよう。次の会話を見てほしい。

男：「君の瞳、綺麗だね？」
女：「どんな風に綺麗？」
男：「いつもきらきら輝いているよ。ほら、今だって」
女：「よく分からない。なんか実感できないわ」
男：「ダイアモンドのようだよ。ダイアモンドのようにきらきら輝いているよ」

もちろん、女の子の瞳は普遍的なものではないから、評論の主張とは言えないが、ここには、

A　女の子の瞳が輝いている
＝
A″　ダイアモンド

という論理的な関係が成立している。これが比喩というレトリックである。

これが試験であれば、「ダイアモンド」に線が引かれ、

「傍線部を説明せよ」となる。このとき、君たちはダイヤモンドを各自勝手に説明するのではなく、それが何を喩えたものかを探し出し、「瞳がきらきら輝くこと」と答えればいい。

A″　ダイアモンド＝レトリック　……設問

A　瞳がきらきら輝いている　……答

さて、具体例や体験、引用などをA′とすると、比喩などのレトリックは、A″と言える。なぜか。

それは、より変形の度合いが大きいからである。

A′は、筆者の主張に対する直接的な証拠やデータであって、そこには変形が伴われない。事実がありのまま提示されるだけだ。それに対して比喩などは、いったん別のものに置き換えて繰り返すので、変形の度合いがより大きくなる。そこで、A′と区別してA″とするのだ。

小説などの文学的文章の場合（詩はその典型だが）も同じ理屈だ。筆者が伝えたいのは、たいてい人間の内面、その深い部分である。それは当然目には見えないし、形も持っていない。そこで、それを具体的な何かに置き換えて表現する。

だが、いずれにせよそこに働いている論理は、

A — 筆者の主張

＝

A″ — 比喩（レトリック）

なのである。

したがって、**論理的に文章をつかまえることで、現代文で最も難しいとされるレトリックの問題も、客観的に把握することが可能になる**のだ。

そのことを踏まえて、問題文に取りかかろう。

チューター・メモ

レトリックを一般的な表現に直すのは難しいということは、これまでも再三述べてきました。では、具体的にどうやればいいのかというと、①レトリック自体の意味を考える、②文章中からそのレトリックに対応する箇所を見つけ出し、表現の一般化に役立てる という2つの方法が妥当です。①と②を結びつけ、最終的には自分の言葉で置き換えて表現しなければいけませんが、たいていの受験生は、ここでつまずいてしまうのでしょう。それは、記述・論述問題で随想問題を解かせると、評論文よりも圧倒的に点数が低くなることからも明らかです。

この「自分の言葉で表現する」という力は、正直言って一朝一夕には付けることができず、ひたすら演習をして添削を受けたり、普段から自分で文章を書く練習をすることが必要です。志望校でこの力が求められる人は、しっかり対策しておきましょう。

ベーシック演習 8

レトリックに惑わされず、文章を貫く筆者の心情を的確に押さえる

筆者の高橋和巳は、京都大学で漢文を教える学者であると同時に、小説家として、戦後一世を風靡《ふうび》した人物である。そういった文学者の文章を通して、前回よりさらに高度な文学的表現に読み慣れてみよう。

レトリックを多用した文学的文章だが、苦手な諸君が多いのではないか？

レトリックといっても、筆者の主張（Ａ）を読者に印象づけるための手管《てくだ》にすぎず、そういった目くらましに引っかからないことが大切である。

問題8 高橋和巳の文（別冊問題集52ページ）

目標

1 心情を客観的に把握する。
2 レトリックを見抜く。
3 文学史的背景を理解する。

心情を把握しよう

随想は作者の心情を把握することが目標。まず冒頭の2行目に着目。

(1)文学をするということは、おそらく荒涼たる心を抱いて、その荒涼感を埋めるべくもなく彷徨《さまよ》うことであろう。

この箇所を何となく読みすごさないこと。ここには筆者の心情を含め、二つの大切な情報が込められている。

1 作者は、荒涼感を抱いていること。
2 その荒涼感は永遠に埋めることができないということ。

筆者は荒れすさんだ魂を抱いているがゆえに文学にいそしみ、しかも文学をするがゆえに、その荒涼感はより深くなっていくのである。

以下、この筆者の心情（A）は、不特定多数の読者に向かって、筋道を立てて説明されることになる。筆者の心情が繰り返されるので、君たちはそれを重ねるように読めばいいわけだ。

★「レトリック＝筆者の心情」を意識しよう

筆者は論文を書き、教室では文学史を講じるが、その時は荒涼感は伏せられる。この直後に持ち出されている「枯れすすき」は、もちろんレトリックで、「荒涼感」の繰り返しである。

さらに、「アルコール中毒」を引っ張ってくるが、これもレトリックでAの繰り返し。「荒涼感」を埋めようと文学にのめり込むが、逆にますます「荒涼感」が深まっていく。そして、それに堪えきれなくなって、さらに文学の世界に入り込んでいく。このありようが、アルコール中毒と同じだというのである。

このように、**筆者の心情である「荒涼感」が、レトリックを駆使して繰り返されていく。**これが文

閑話休題　川端康成の自殺の謎

高橋和巳がこの文章を書いた時点では、川端康成は、まだ自殺していなかった。
川端康成の自殺の理由は謎とされる。様々な説が飛び交い、いろいろな憶測を呼んだが、どう考えても自殺する理由などどこにもないのだ。日本人で初めてノーベル文学賞を受賞し、地位も名誉も財産も、すべてを手に入れた。しかも、すでに老境の域に達している。
高橋和巳が底知れない「荒涼感」に苛《さいな》まれたように、彼もまた「荒涼感」に耐えきれなくなったのかもしれない。

学的文章なのである。

次に、筆者は川端康成の例を挙げる。ここまでの論理を意識すれば、この例が意味するところは分かるはず。

川端康成は年を取った今でも、時折自殺を思うのだ。なぜ自殺を考えるのかは、本文中では一切説明されていないが、この文章の論理に縛られているかぎり、それは自明のことである。彼もまた、アルコール中毒のように「荒涼感」を埋めるべく文学の世界にのめり込み、そうすることで、さらに「荒涼感」が深まるという、終わりのない迷路に苦しみ、それに追いつめられて、自殺を考えているのだろう。

続いて筆者は、「文学を通じての人間関係」について筆を進める。15行目、

> 作者の側から言えば、一陣の風にすら容易に破られる蜘蛛《くも》の巣を、白く透明で毒気に満ちた糸を薄暗い虚空の一角にはりめぐらせ蝶を待つのであり、読者の側から言えば、ただ渇望を教えるだけで解釈を教えない幻の織物を［ウ］と知りつつ身にまとうのである。

作者は蜘蛛の巣を張り巡らせて蝶を待ち、読者はそれを知りつつ幻の織物を身にまとう……。もちろん、この比喩もレトリックであって、「荒涼感」を読者に印象づけるためのものである。蜘蛛は作

者で、蝶は読者である。

作者は「荒涼感」を文学作品に封じ込めることで読者を待ち、読者はそれを読むことで荒涼感に浸ることができるが、何一つ解決できないと知りつつ、その文学の世界に浸るのである。それが作者と読者の人間関係だと言っているのだ。

だが、文学者も、その愛好者も、生身の人間である限り、普段はその荒涼感を押し隠し、何食わぬ顔で日常生活を送っているのだ。

これを受けて、芥川龍之介の例があげられている。

彼は自殺するのだが、川端康成と同じく、いまだにその理由は謎のままである。だが、この文章のなかで引き合いに出される限り、この例もまた、論理に縛られているのだ。であれば、彼もまた、「荒涼感」に耐えきれなかった一人なのであろう。

芥川は自殺を覚悟したとき、友人である菊池寛を訪ねていったが、菊池は結局、芥川の心中を察することができなかった。それほど**人の心の暗闇の部分（＝荒涼感）は伝わりにくい**のである。

そしてこの後には、「心の暗闇の部分がいかに伝わりにくいのか」が、またレトリックを使って説明されている。

人の心の奥底にある暗闇は純粋なもので、それゆえ塵埃《じんあい》・騒音には耐え得ない。ところが、現実の空気はあまりにも汚れすぎている。だから、一度宇宙の果てまで放射され、小さな星くずに偶然突き当たり、何年かたってもう一度地上に戻ってくる。それくらい、心の暗闇は他者には伝わらない。だから、芥川が深い「荒涼感」を抱いて菊池寛に会いに行っても、菊池は芥川の心の奥にあるその部分を見抜けなかったのだ。もし、その時気づいていたなら、芥川は自殺などしなかったかもしれない。しかし、それは非常に難しいことなのである。

★A″（レトリック）からA（心情）へ

……現在も職業的な研究者兼教壇人として、文学をもっぱら論理的に講ずることで日々の体面をたもっているからか、その体面の持続に反比例して、心中の闇がますます深く救い難いものとなってゆく……

筆者はここ（35行目）で、再びAである「荒涼感」に戻っていく。そして、筆者はさらに、42行目からの段落で具体的事例を挙げて、このことを繰り返す。「**そういえば、何故か、近頃私は涙を流さなくなった**」、その意味では人前で体面を保つようになったのだが、「**しかし同時に私の内部のなにかが枯れていっているのだという荒涼たる感慨もなくはない**」。このように、筆者の心の奥にひそむ「荒涼感」はますます救いがたいものとなっていくのだ。

そして最後に、筆者は現実という地点に立ち戻り、夜には青二才のように死について考えながらも、昼には昼の礼儀に従って、何事もなかったように教壇に立ち、難解な中国の詩について講義するだろうと述べている。

結局、本文に書かれているのは、**昼間は社会的な体面を保ちつつ教壇に立っている、文学者の救いがたい荒涼感の告白**なのである。

◆全体の論理構成

A　文学することは荒涼感を埋めるべくもなく彷徨うことである。

＝

A′　川端康成や芥川龍之介の例など

＝

A″　様々な比喩表現（レトリック）

＝

筆者は昼間は学者として体面を保ちつつ、これからも荒涼感を抱いて彷徨い続けるだろう。

設問の解法

問一　ほとんどが文脈と日本語レベルの問題であり、決して難しくない。

ア　川端康成は年を取った今でも死を思うのだから、③「時としてなお」が答え。

イ　空欄直前の「**そういう**」は、その前の、「文学者は齢を重ねても死を思うことから逃れることができない」を受けているのだから、①「因業な」が答え。

ウ　読者は、文学など何の解決も与えてくれないことを知りつつ、その世界にのめり込もうとするのだから、自分で自分を縛るという意味の、②「自縄自縛」が答え。

エ　これだけは**文学史の問題**。芥川と菊池寛は若いころ、共に**新思潮派の文学運動の中心**として活躍した。後に、**菊池寛は文芸春秋社を起こし、芥川の死後、芥川賞・直木賞を制定する。**したがって、答えは⑤「文芸春秋社」。

オ　直前の「**遙かな宇宙の果てまで放射され、それが偶然に一つの小さな星くずにつきあたり、何年かを費してもう一度地上に戻ってくる**」を一言で表したものが空欄に入るわけだから、①「迂回」が、答え。

カ　直後の「**文学をもっぱら論理的に講ずることで日々の体面をたもっている**」に重ね合わせると、④「肩を怒らせて」が答え。

キ　直前の「**大の男が人前でむやみと歔欷《きょき》したりするのは不様であり**」から、**筆者が世間体を考え、心のバランスを取ろうとして、涙を流さなくなった**のだと分かる。そこで、③「平衡感覚を身につけた」が答え。

ク　直前の「**わたしの涙腺は奇妙に弛緩《しかん》していて、ちょっとした、風景の美しさにすら涙を流したものでした**」は、過去の思い出話だから、④「感傷的な」が答え。

〔答〕　ア　③　イ　①　ウ　②　エ　⑤
オ　①　カ　④　キ　③　ク　④

問二　難問。

解法ルール 12　**欠落文挿入問題は、欠落文自身の意味・役目を考える。**

すると、「さて、なにを言おうとしたのだったか」というこの文の前には、脇道にそれた余談が来て、この欠落文を境に本題に戻ったはずである。

そこで、AからEの直前を検討し、筆者の心情である「荒涼感」という本題からそれた箇所を探し出すこと。そして次に、空所の直後を検討し、「荒涼感」という本題に戻ったかどうかを確認する。

それで見ていくと、Cの直前は、人の心の暗闇が伝わるには、現実の空気はあまりにも汚れすぎていて、長い迂回路を経過しなければなかなか伝わらないという内容で、「荒涼感」そのものについてではないことが分かる。つまり、この箇所が余談となっているのだ。

次にCの直後を検討すると、「**その体面の持続に反比例して、心中の闇がますます深く救い難い**

ものとなってゆく」（36行目）と、本題である「荒涼感」に戻っている。
したがって、欠落文の入る位置はCと決定できる。

〔答〕③

問三 直後の「**荒涼たる心を抱いて、その荒涼感を埋めるべくもなく彷徨うこと**」から、判断する。
それを言い換えたものは、「心の暗闇」を含む②しかない。

〔答〕②

問四 **レトリックの問題。**この傍線部を説明したのが次の段落であるが、そこを解釈できたかどうかが問われている。
138ページで説明したように、**作者は荒涼感を作品に封じ込め、読者を待つ**のであり、**読者は読者で、渇望を教えるだけで、何の解決も与えない文学を、それと知りつつ読む**のである。この両者の関係を、「**ひそやかな破滅の黙契**」と比喩的に述べたのだ。
すると、①「一陣の風」は「蜘蛛の巣」（＝荒涼感）を破るものだから、「ひそかな破滅の黙契」を暗示しない。

〔答〕①

問五　「芥川龍之介」「教室の学生」「菊池寛」「作者」は、どれも現実に存在する人物である。それに対して、⑤「幻の織物を身にまとう読者」だけは、一種の抽象概念というべきもので、現実の特定できる存在ではなく、不特定多数の誰かを漠然と指している。

〔答〕　⑤

問六　**文学史の問題。**②「恩讐の彼方に」のみが菊池寛の作品で、後はすべて芥川のもの。

〔答〕　②

問七　27行目を見てみよう。

……現実の空気はあまりにも汚れすぎており、あまりにも多くの騒音が満ちすぎており、あまりにも多くの制約がありすぎるからだ。

ここから考えると、「純粋なもの」でないものは、③「地上」しかない。後の選択肢はすべて、「純粋なもの」を比喩的に表現している。

〔答〕　③

問八　**心情問題。**

……………それはあくまで一場の座興、私は何事もなかったように微笑して教壇に立ち、今日も難解な中国の詩文を読み、明日も詩を読み、時に詩について語り、また詩を読むだろう。

直前のこの箇所から、作者の心情を把握すること。心の奥底には「荒涼感」を抱えながら、何事もなかったかのように教壇に立つ作者の苦しみを読みとらなければならない。

①「世に認められなくなる」、②「社会の礼儀を無視してもよい」、⑤「社会の法則からはずれてしまう」などは、本文から読みとれない。また、③「自殺しようとさえ思いつめている」は、言い過ぎ。

結局、立て前（教育者）と本音（文学者）との狭間で苦しんでいる筆者の心情を捉えているのは、④しかない。

〔答〕④

問九　「表題」とは、主旨を語句の形に縮めたものを指す。今回の問題は随想なので、文学をするものの埋めるべくもない「荒涼感」という筆者の心情が主旨である。それを表している表題は、④「文学の苦しみ」しかない。

〔答〕④

■正解■

問一　ア③　イ①　ウ②
　　　エ⑤　オ①　カ④
　　　キ③　ク④　（各2点）

問二　③　（4点）

問三　②　（4点）

問四　①　（4点）

問五　⑤　（4点）

問六　②　（4点）

問七　③　（4点）

問八　④　（4点）

問九　④　（6点）

合格点　35点（満点　50点）

チューター・メモ

いかがでしたか？　今回の文章は文学的表現が多く、また設問も随想の特徴を上手く突いたものだっただけに、かなり苦戦したのでは？　しかし、筆者の主張と文章構造をうまく把握できていれば、怖いものはありません。

設問では問二が手ごわいのですが、これも文章構造を押さえると分かります。「さて、なにを〜だったか。」という補充文は、「話が少し反れて大きくなってしまったから、これから話の筋をもとに戻しますよ」という意味を持っています。本文をよく読むと、C以前は「文学をすることは、永遠の荒涼感を彷徨うこと」と定義し、「心の闇は伝わりにくい」という話を、川端や芥川の例で説明しています。そしてC以後は、話の舞台がガラッと変わって「私の荒涼感」について述べられます。この断層が分かれば答えはCで、同時に文章構造も把握できたことになるのです。

第4部

総　合　力を強化しよう

ここまで、君たちは論理力と文脈力の大切さを学習してきたはずである。だが、これらは、何も現代文に限ったものではなく、英語を初めとし、古文・漢文、そして小論文においても有効なのである。

そこで、この第4部では、現代文という範疇を超えることによって、論理力と文脈力をより強固な武器へと整備していこう。

★現漢融合問題の解法を理解する

ベーシック演習9

融合問題では、古典は現代文の論理に縛られる

今回は、まず漢文との融合問題を解いてみよう。

漢文なんか勉強したことがないと、怖じ気づく必要はない。漢文であろうと、現代文の融合問題として出題される限り、そこには論理という制約がある。古文であろうと、漢文であろうと、それらは現代文における筆者の主張を論証するために用いられている引用箇所であり、そのため、現代文の論理から自由ではいられないのだ。

なお、たとえ漢文が受験科目になくても、融合形式や設問の中で出題される可能性は高いから、最低限の知識は身につけておくこと。

問題9 陳舜臣『弥縫録』（別冊問題集60ページ）

目標

1 漢文を含めた融合問題の解法を習得する。
2 漢文の基本的な考え方を理解する。
3 思想（法治主義）への理解。

全体を把握しよう

Aの文章は漢文であるが、これはBの文章（現代文）の引用となっている。先ほど述べたように、

解法ルール13
融合問題の古文や漢文は現代文の論理に縛られる。

つまり、**AとBの文章の間には、論理的関係が成立する**はずだ。

そこで、AとBの文章がどういう関係にあるのかを考えながら、読み進めていこう。

Bの文章の前半は、引用文であるAの漢文の解説である。これはあまりにも有名な一節なので、君たちも目にしたことがあるだろう。韓非子の文章で、「矛盾」のいわれが説明してある。

自分が売る盾と矛を宣伝するために、「どんな盾でも貫ける矛と、どんな矛でも貫けない盾」と自慢する者がいた。そこで、ある人が「あなたの矛で、あなたの楯を突いてみたらどうなるか？」と聞いたところ、商人は結局、答えられなかった。そこから、「矛盾」という言葉が生まれたのだ。

しかし、韓非子が主張したかったことは、実は別のことだったのである。

★主張は何か

韓非子は、「法家」として知られる思想家だが、儒家が「人間主義的な聖王による統治」を唱えたのに対し、「法治主義」を唱えていた。

「法治主義」とは、30行目にあるように、**「人間である君主に頼らずに、法律や行政機構を整備し、それで国政を運営すべきだ」**という考え方。そうすることによって、君主の力量に左右されない、堅実な政治運営をしていこうというものである。

で、32行目を見ると、

「矛盾」のエピソードがあまりにも有名になったが、韓非子は自分の説をわかりやすくするために、これを説明的につけたのである。

とあることから、**「矛盾」のエピソードは、韓非子が人々に訴えたい「法治主義による政治運営」を、分かりやすく納得させるために持ち出したにすぎないというのが筆者の主張。**さらに、「矛盾」のエピソードではなく、もう1つのエピソードこそ、韓非子が人々に知ってほしいエピソードだと述べている。それが「堯・舜」という二人の聖王のエピソード。

堯・舜といえば、中国の伝説上の名君である。儒家は堯が亡き後、禅譲によって舜というまたしても名君が即位したのだと説いた。そんなおり、ある儒家が、「舜が大臣の時代、人々の争いが絶えず、職人は粗悪品ばかり造っていた。しかし、舜が現場に行くと決まって争いが収まり、商品の質も良くなった」と話していた。

そこで、ある人が言う。

堯が聖人なら、争いが起こるはずがなく、職人が手抜きをするはずもない。つまり、堯が聖人なら舜の功績は覆され、逆に舜が聖人ならば、堯は聖人ではなくなってしまう。つまり、二人とも聖人ということはあり得ず、これは矛盾ではないかと。

これが、韓非子が自分の考えを説明するために用いたエピソード。彼の主張は、この話からも分かるように、君主がどれほど聖人であろうと、人間である以上限界があり、だから**政治運営は人間である君主に頼らずに、法律に委《ゆだ》ねるべきだということなのだ**。そして、このエピソードによる「矛盾」をさらに説明するために、Aの文章（矛と盾のエピソード）が引っ張られた。

二人の聖王
舜
堯
両者聖人の
矛盾
堯が聖人なら争いは起こらない。
舜は争いを収めたから聖人である。

ところが、それが一人歩きし、流布されてしまったのだ。だから、韓非子が本当に流行させたかったのは「矛盾」ではなく、「法治主義」の必要性を訴えた「堯舜」のほうだろう。……これが筆者の考え。

とすると、全体の論理構成は、次の通り。

◆全体の論理構成

A　筆者の主張 ― 韓非子の主張は法治主義の提唱（儒家の人間主義的な統治の否定）にある。

↓ なぜ、人間主義ではいけないのか

A´（具体例）堯・舜のエピソード………両者聖人というのは矛盾

↓ さらに分かりやすく

矛盾のエピソード ＝ 冒頭の漢文の引用

聖王とはいえ、人間には限界がある。

↓

だから、法治主義が必要……韓非子の考え ＝ 筆者の主張

設問の解法

問一　漢文の問題。

傍線部の訳は、本文中8行目に「**楚の人で、矛と盾を売る者がいた**」とある。漢文は英語と同じで、主語の後に動詞が来る。それに対して、日本語は動詞が一番最後。そこで、動詞に着目すればいいと分かる。つまり、表記では先に来ている動詞が、最後にくるようにするわけだから、返り点が必要となるのだ。

解法ルール14

漢文の返り点は、動詞に着目する。

この設問の場合、読みが与えられているから、それを順に追っていけば簡単に答えを出すことができるが、たとえ白文しか与えられていなくても、返り点が打てるように、**考え方の基本を押さえておいてほしい。**

では、ヒントの読み「楚人に楯と矛とを鬻ぐ者有り」を参考にして見ていこう。

「楚人」はそのまま。次に「楯と矛とを」と来ているので、下に移動。**「与」は「A与B」という形で、「Aト与レBヲ（AとBとを）」**となる。一種の構文と考えておこう。そこから、「鬻ぐ」に移動するわけだから、まず「与」の下⑥に返り点が必要で、それが「鬻ぐ」につながるので、④にも返り点が入る。

楚　人　有　鬻二　楯　与レ　矛　者。

次に「者」なので、一番下に移動。続くのは「有り」だから、⑧と③にも返り点が必要。

ここで、返り点について一言説明しておこう。数式において、カッコの中にカッコが含まれるとき、その種類（大・中・小）があるのと同じように、返り点も表記の仕方が決まっている。まず、小カッコにあたるのが、「一、二、三」といった数字の返り点。そして、中カッコが「上・中・下」、最後に大カッコは「甲、乙、丙」と考えるといいだろう。具体的には次のような感じ。

○○○丙○○下○○○二○○○一○○上○○○乙○○○甲

とすると、⑧と③には、「一、二」より大きなくくり方をする返り点が入らなければならないのだから、⑧に「上」、③に「下」が入ることが分かる（「中」ではなく、「下」であることに注意。「上」から始まる返り点は、必ず「下」で帰結する）。

楚人有下鬻二楯与レ矛者上。

〔答〕①L　②L　③H　④B　⑤L　⑥E　⑦L　⑧F

問二 現代文中で、漢文の該当箇所に相当するものを探すと、9行目の「**どんなもので突いてもつらぬけないぞ**」が、それに当たる。

解法ルール15 **融合問題の古文や漢文は、現代文の該当箇所を探し、重ねるように解釈する。**

とはいえ、もちろん、漢文の最低限の知識は、ここでも必要になる。「能」は「よク」、「莫」は「なシ」と読む。

〔答〕 よくとほ（お）すものなきなり

問三

1 「無不」は二重否定で、「（セ）ざル（ハ）なシ」と読む。そこから、エかオに絞れるが、後は「也」が「なり」と読むことから、オが答え。

2 二重否定は、強い肯定になることに着目。そこから、10行目「どんなものでもつらぬけないものはない」が、該当箇所。

〔答〕 1 オ　2 どんな～はない　3 キ

問四 **漢文の常識問題。**

〔答〕 4 いかん　5 あた（ハ）　6 かんぴし

問五　立派なことを行ったものには褒美を与え、悪いことをしたものを罰することを、四字熟語で何というのか？　**知識の問題。**

〔答〕　信賞必罰

問六　**主旨を問う問題。**
　韓非子は儒家の聖王による統治を否定し、法治主義を唱えた。そのための例が、堯・舜だったのである。堯・舜は徳を持った聖王であるとされるが、その矛盾をつくことによって、たとえ堯・舜であっても、統治者が人間である限り、限界があることを訴えたのだ。

〔答〕　1　儒家　　2　聖天子　　3　徳

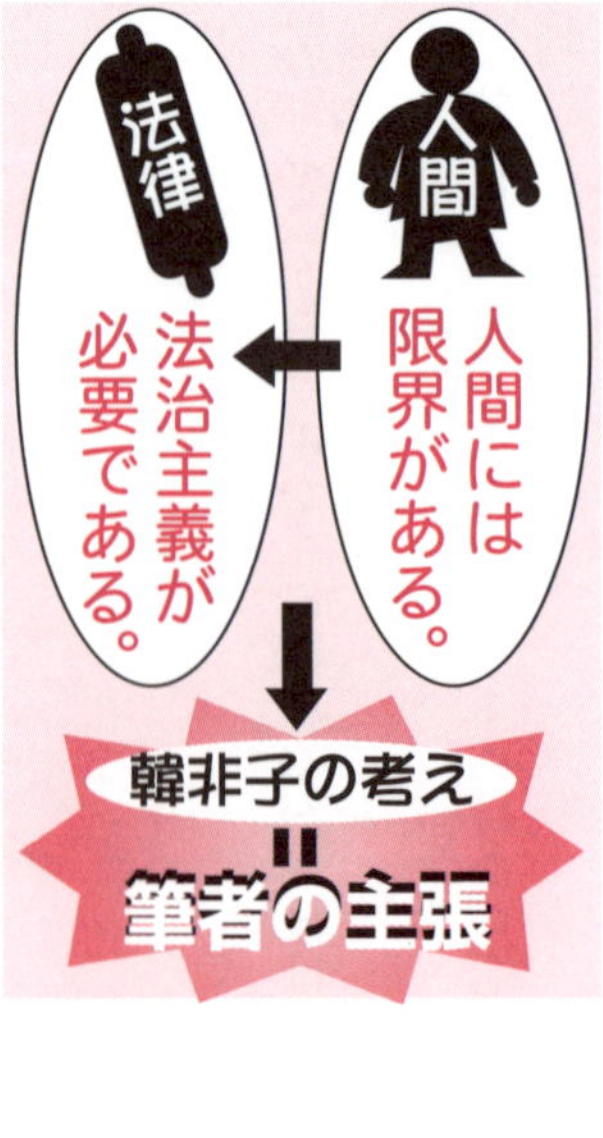

問七　韓非子の考えの中心は、人となりに頼るしかない、人間による統治には限界があるから、国家の統治を法律に委ねるべきだということ。そのことを踏まえたら、自ずと答えが出る。

〔答〕　人間である君主に頼らずにすむ

■正解■

問一 ①L ②L ③H ④B ⑤L ⑥E ⑦L ⑧F （各1点）

問二 よくとほ（お）すものなきなり （5点）

問三 1 オ 2 どんな～はない 3 キ （各4点）

問四 4 いかん 5 あた（ハ） 6 かんぴし （各2点）

問五 信賞必罰 （4点）

問六 1 儒家 2 聖天子 3 徳 （各3点）

問七 人間である君主に頼らずにすむ （6点）

合格点 35点（満点 50点）

チューター・メモ

このような融合問題では、現代文が古・漢文を解釈するための大きなヒントになっていると考えましょう。古典文を一読してわからなくても、次に現代文を読んでもう一度古典文と照らし合わせれば、「ああ、こういう内容だったんだな」と納得がいくはずです。古典が苦手でも解くことはできるのです。

さて、今回のように漢文が問題にある場合、「これは高得点のチャンスだ」と思いましょう。なぜなら、漢文は基本的な句法をマスターすれば、恐れるに足らない科目だからです。本問でも「与」「能」「莫」などの基本的な句法知識が問題になっていますが、これは純粋な漢文の知識問題ですので、「覚えていれば解ける」のです。逆に、本番でここを落とすと、全体の点数に響いてしまいます。漢文は覚えることが少ないので、できないと差がついてしまうのです。「メンドクサイ」なんて言わずに、最低限の知識は覚えましょうね。

★現古融合問題の解き方を理解する

ベーシック 演習 10

引用される古文の中の論理を読みとる

最後に古文の融合問題の難問に挑戦してみよう。早稲田大学の問題である。この問題は、引用された『源氏物語』の文章が非常に難解で、古文の力だけで読みとることは困難である。だが、たとえ難解な古文であっても、現代文のなかで引用されている限り、それは現代文の論理と文脈に支配されている。

そこで、まず現代文の論理を理解し、それを下敷きにして、重ねるように古文を解釈するというのが、現古融合問題のテクニックである（**解法ルール⑬・⑮**）。

古文への手引き

問題の解説に入る前に、『源氏物語』について少し触れておこう。

『源氏物語』は平安貴族という狭い舞台での話で、藤原という氏族を中心とした人間関係で成立している。しかも、その人間関係は、身分という上下関係で成り立っている。そのため、そこでは高度な敬語表現が発達しており、その用い方によって、相手が誰だか詳しく説明しなくても、察知できるのだ。

『源氏物語』の特徴

1 お互いがどんな身分で、どんな人なのか、察知できること
2 敬語表現が発達していること

この二点のため、『源氏物語』では、動作の主体がほとんど省略されている。それは明記しなくても、察知できるからだ。もちろんこれは、『源氏物語』に限らず、古文全般に言えることでもある。

そこで、**古文を解釈するときには、敬語に着目して、省略された動作の主体を補わなければならない**。そのためには、**登場人物の人間関係を把握しなければならない**のだ。それが古文の難しさで、現代文と大きく異なる点だ（現代文には論理があるし、主体が省略されるのは、その主体が変わらない場合のみ）。

また、『源氏物語』にはさらにもう一つ、難しさが加わる。

小説問題は、ある場面がいきなり切り取られて提示され、それが難解さの原因であるということは、先に述べた(98ページ)。同じように『源氏物語』も長い物語のどこか一か所が切り取られて出題される。だがそうすると、人間関係が把握できない。そして人間関係が把握できなければ、省略された動作の主体を補うこともできないのだ。

ところが、現代文と違って、『源氏物語』はあらかじめそのあらすじを知っておくことができる。人間関係は古典常識として習得することが可能なのだ。古文がある程度の知識を必要とすると言われるのは、そのためである。(『源氏物語』は必ず全体の話の流れを知っておく必要がある。拙著に「源氏物語が面白いほどわかる本」(中経出版)があるが、ぜひ活用してほしい。『源氏物語』が面白いほどわかるだけでなく、必要な古典常識が一通り身につくよう工夫してある)

こうした基礎知識がないと、単語や構文を知っていても全く手のつけようがない点が、『源氏物語』の難しさなのだ。

以上、一通り、古文の特徴、源氏物語の難しさを述べたところで、問題を見ていくことにしよう。

問題 10　若城希伊子『光源氏の世界』（別冊問題集66ページ）

目標

1. 現古融合問題の解法を習得する。
2. 引用文の扱い方を理解する。
3. 古文における論理を把握する。

内容を把握しよう

★融合文の古文は引用である

まず、現代文を押さえていく。その上で、重ねるように古文を解釈する。

冒頭に、「**光源氏と紫の上との結婚生活はこうして晩年を迎えた**」とある。ここから、源氏晩年の出来事だと分かる。さらに、

> ……当時の人びとの人生観の根には、今世に生きる人間の罪をいかにして乗り越えるかがあり、出家することが一つの救いであったようだ。

とあるので、**「罪」「出家」というのが、今回の場面の主要なテーマ**だということが、あらかじめ提示されている。

続く本文を見ると、紫の上は出家を願っているが、源氏はそれを許さないということが書かれている。では、なぜ紫の上が出家を願うかというと、**「年老いるにつけ、紫の上は心の奥底から個の悩みが衝きあげてくるのを感じていた」**(7行目)とあるから、**出家を願う原因は「個の悩み」**であることが分かる。

さらに9行目に、源氏が**「今さらのように自分たちふたりの過去について語った」**とある。したがって、以下の古文は、源氏が自分と紫の上との過去について語った引用文だということは、古文を読まなくても分かることなのだ。

★引用文の中の論理は何か

このように、融合問題において古文は引用であり、そのため、決まって**現代文の論理と文脈に支配されている**(解法ルール⑬)。そうすると、次の手順としては、引用文のどこからどこまでが源氏の過去で、どこからが紫の上の過去かを意識して読んでいくこととなる。

冒頭に**「みづから〜」**とあるので、まず始めは、源氏が自分の過去について語っているのだと分かる。紫の上の過去についてはどこからか探すと、17行目に**「君の御身には〜」**と「君」があるので、ここからが紫の上の過去についてだと推測できる。

さて、古文にもそれが他者を意識した文章である限り、論理が介在する。この引用文は、源氏と紫の上の過去という二者を持ち出しているのだから、その関係は、イコールか対比かのどちらかでしかない。

ここで、先ほど説明した「紫の上は出家を願っているが、源氏はそれを許さない」というのを思いだしてほしい。であれば、源氏は紫の上の出家を断るために、二人の過去を語っているのだ。すると、この引用部分は当然、自分のつらい過去と比べて、あなたの過去は恵まれているのに、なぜ出家を願うのですかという流れになっているはず。つまり、対比になっているはずである。

★紫の上が出家を願う理由は？

こうして源氏の話を聞いた後、紫の上はどう答えたかというと、

> 「宣ふ《リ》やうに、ものはかなき身には過ぎたるよそのおぼえはあらめど、心にたへぬもの嘆かしさのみうちそふや、さはみづからの祈りなりける」

この文章が解釈できなくても、「嘆かしさにのみうちそふ」くらいは、現代語的な感覚でも分かるであろうし、無理に解釈しなくても、次の現代文の記述によって、明らかにされている。

心の奥底から衝きあげてくるような[B]とは、彼女の原罪感覚としか、いいようがない。

つまり、**紫の上が出家を願うのは、「原罪感覚」**なのだ。具体的な理由があるわけではなく、自分がこのように存在すること自体、耐えられないほど恐ろしい罪だと感じているのである。明確な理由がないから、源氏には紫の上の深い苦しみが理解できないのだ。

さらに、現代文では次のように説明を加えている。

> ……………………どんなに光源氏から豊かな愛をそそがれていようと、そのこととは別に、紫の上はいい知れぬ孤独を感じる女人であった。人間として、個の存在として、彼女は源氏から孤立したところで、じっと自己の存在の心の奥を見つめて生きていた、……

紫の上の出家の願いは切実である。だが、源氏にはそのことがどうしても理解できないでいる。長年愛し合い、一緒に暮らして来た二人であるが、お互いに心の奥底ではどうしても理解できない何かを感じていた。そのため、紫の上は心の奥底をじっと見つめるにつれ、どうにもならない孤独に打ち震えるしかなかったのだ。

ここに描かれている紫の上の苦悩は、**現代文学でもまだ克服できない、人間の根源的なテーマ**なのである。

設問の解法

問一　古文における接続語の問題。空所の前後の関係を考える（解法ルール⑧）。

直前には「**みづからは、幼くより人に異なるさまにて、ことごとしく生ひ出でて、今の世のおぼえありさま、来し方に類すくなくなんありける**」とある。自分は幼いときから、特別に生まれ育って、現在の評判も過去に例がないほどであると、源氏が自らの過去を語っている。

次に、空所の直後であるが、「**また、世にすぐれて悲しき目を見る方も、人にはまさりけりかし**」と、自分を指して、つらい目にあったことも、人よりもまさっていると述べている。そして以下、その具体例を羅列する。

であれば、空所には、この前後の関係を表す記号である逆接が入るはず。選択肢のなかで逆接を探せば、2「されど」しかない。

〔答〕　2

問二　現代文と、古文の引用箇所とを重ねればいい（解法ルール⑮）。空所には、直後にある「**彼女の原罪感覚**」に当たるものが入る。もちろん紫の上の原罪感覚だから、彼女自身のセリフの中に登場する可能性がほとんどである。

そこで、27行目の「宣ふ～祈りなりける」から探すと、

心の奥底から衝きあげてくるような　B
心にたへぬ
もの嘆かしさ

よって、「もの嘆かしさ」が答えとなる。

〔答〕 もの嘆かしさ（「嘆かしさ」でも可。ただし、「語句」という条件があるので、「もの嘆かしさ」の方が望ましい。「嘆かしさ」では、語になる）

問三　重要古語の意味を問う問題。だが、もし知らなくても、文脈からかなりの部分、推測は可能である。とはいえ、これくらいの古語はぜひ覚えてほしい。

〔答〕 イ　4　ロ　5

問四　基本的文法の問題。

ハ「る」は、受け身、尊敬、自発、可能の「る」か、完了の「り」の連体形かの、どちらか。**受け身の場合は未然形接続**、それに対して、**完了は已然形接続**。

「残りとまれる」は已然形に接続しているうえに、「齢」という体言に連なっているから、連体形と分かる。

そこで、選択肢の中から、完了の「り」を探す。

ホ「ぬ」は、完了「ぬ」の終止形か、打ち消し「ず」の連体形のどちらか。**完了は連用形に接続するし、打ち消しは未然形に接続する。接続で判断できないときは、意味から考える。**「完了」と「打ち消し」はまったく反対の意味になるから、識別は簡単である。

「人に争ふ思ひの絶えぬ」は、**「安げなき**（安らかでない）」を修飾しているから、「争いが絶えない」という意味になる。そこで、選択肢のなかで「打ち消し」の「ぬ」を探せばいい。

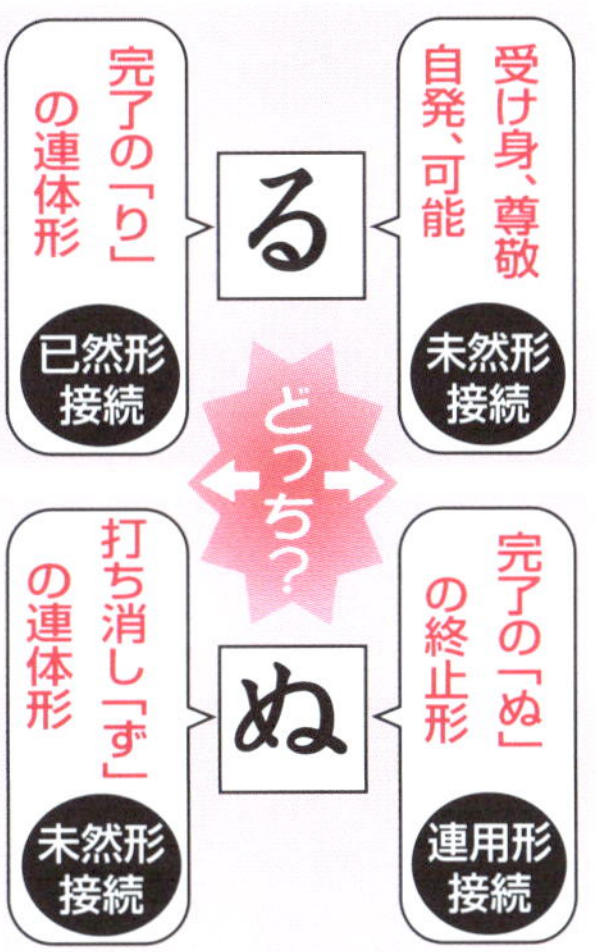

〔答〕ハ 4 ホ 2

問五 まず、**「語」という条件に着目**すること（**解法ルール⑦**）。1「思ひ知らるる」、2「知らるる」は、語句であって、語ではない。

「なん（む）」は係り結びで、連体形で結ぶから、「る」の連体形を答えればいい。

〔答〕4

問六

へ 「親」とは、紫の上を幼いときから育てた、源氏のことを指す。「親の窓の内」で過ごしたのは、紫の上。

チ 「心ざし」は、女三の宮の降嫁により、辛い思いをしているであろう紫の上を気遣って、自分が今まで以上に心を砕いていると源氏が言っているのだから、源氏の心。

〔答〕 へ 3 チ 2

問七 **古典常識の問題。**どちらも重要。

〔答〕 ト おぼ リ のたま

問八 『源氏物語』は**〝作り物語〟**というジャンルである。3『大和物語』は**歌物語**。4『栄花物語』は**歴史物語**。

〔答〕 3・4

問九 現代文中、9行目に「**今さらのように自分たちふたりの過去について語った**」とあるので、源氏のセリフを、二人の過去、つまり源氏の過去を語った部分と、紫の上の過去を語った部分とで分ける。

このように、**融合問題は、あくまで現代文のロジックで、引用文である古文を解釈する。**

〔答〕 君の御身

問十 設問は本文全体の論旨ではなく、あくまで「引用された『源氏物語』の論旨」であることに注意。源氏が自分の過去と、紫の上の過去とを比べていることは、古文を読むまでもなく、すでに分かっていることである。そこから、２・３・５は源氏のことにしか触れられていないので、消去できる。

残った選択肢は１と４だが、４「紫の上の真実の苦しみに比べれば～」では、源氏が紫の上の出家を止める内容にはならないので、消去。

〔答〕 １

このように、今回のような現古融合問題でも、若干の古典文法と古典常識の知識は必要ではあるが、**設問の大半が現代文の論理と文脈力で解決できたことに着目**してほしい。

■正解■

問一　2　（4点）

問二　もの嘆かしさ（「嘆かしさ」でも可。ただし、「語句」という条件があるので、「もの嘆かしさ」の方が望ましい。「嘆かしさ」では、語になる）　（4点）

問三　イ　4　ロ　5　（各3点）

問四　ハ　4　ホ　2　（各3点）

問五　4　（4点）

問六　へ　3　チ　2　（各3点）

問七　ト　おぼ　リ　のたま　（各3点）

問八　3・4　（各2点）

問九　君の御身　（5点）

問十　1　（5点）

合格点　30点（満点　50点）

チューター・メモ

最後の問題ということもあって、とても手応えのある問題ですね。とくに源氏物語は、古文のできる人からも敬遠される題材ですので、まともに読んでも理解できません。常に現代文から内容のヒントをつかみとるようにしましょう。極端な話、古文そのものは上手く理解できなくても、問九、問十などは、現代文の内容だけから推測して解答に至ることができます。解答につまったら現代文から考えることを癖にしておきましょう。必ずヒントが隠されているはずです。

古文も前回の漢文と同じく、基本的な文法・単語や古文常識は身に付けておかないといけませんが、今回のように難文が出てくれば、受験生の読解力に大差はつきません。出題者もそれを考慮して現代文を付けているのですから、利用しない手はありません。融合問題が解けるようになれば、かなり現代文をマスターできたといえますよ。

あとがきにかえて

本書を読破した今、君たちはようやく出発地点に立った。これまでの参考書類が、読破することで終了したのに対し、君たちはまったく違う次元に立っている。

この出発点は、今までと違った、**まったく新しい知の領域への出発点**なのだ。

受験だけではない。私たちは長い人生のなかで、この複雑で高度な現代社会を正確に理解し、より豊かな人生を手に入れなければならない。そのためには、一生頭を使い続ける必要がある。

誤解しないでほしいが、本書は感覚を否定するものではない。だが、論理という武器を手に入れることにより、確実に人生は変わっていく。一年や二年ではその変化を実感できないかもしれないが、何十年かの人生のうちに、その変化は決定的なものとなる。そのための第一歩を、今踏み出したのだ。

今後も、ぜひ、この歩みを止めないでほしい。これからもずっと、歩き続けてほしい。

大学受験という目前の問題に関しては、私は合格したかどうかという結果よりも、**どう合格したかというプロセスにこだわりたい**のだ。なぜなら、たいていは、**受験したその勉強の仕方で、その後の人生を送ることになる**のだから。

★「解法ルール」一覧

※確認のための一覧です。空欄を補充しながら、読んでください。
（　）内は掲載ページ。

1 具体例から入った文章は、［　　］を探して読め。（32）

2 ［　　］を押さえて、次の展開を予測する。（34）

3 大半の論理パターンは、主張の［　　］か［　　］のいずれかである。（37）

4 論理のあり方は、［　　］か［　　］、あるいは両者の併用である。（45）

5 抜き出し問題は、全体の［　　］から該当箇所の見当をつける。（52）

6 対立命題は、［　　］を印象づけるためのものである。（58）

7 解答の際には、［　　］を必ずチェックする。（64）

8 空所問題は、［　　］から答えを決める。（79）

9 解答の手助けとなる、［　　］や［　　］といった文法的根拠を見落とすな。（95）

10 小説では［　　］のつながりを押さえて、主人公の心情を把握する。（111）

11 レトリックは、［　　］に直すのが基本。（113）

12 欠落文挿入問題は、欠落文自身の［　・　］を考える。（142）

13 融合問題の古文や漢文は［　　］に縛られる。（149）

14 漢文の返り点は、［　　］に着目する。（153）

15 融合問題の古文や漢文は、現代文の該当箇所を探し、［　　］ように解釈する。（155）

筆者紹介

出口　汪（でぐち　ひろし）

関西学院大学大学院文学研究科博士課程単位取得退学。広島女学院大学客員教授、論理文章能力検定評議員。現代文講師として、入試問題を「論理」で読解するスタイルに先鞭をつけ、受験生から絶大なる支持を得る。そして、論理力を養成する画期的なプログラム「論理エンジン」を開発、多くの学校に採用されている。現在は受験界のみならず、大学・一般向けの講演や中学・高校教員の指導など、活動は多岐にわたり、教育界に次々と新機軸を打ち立てている。

●主な著書

『出口の好きになる現代文』『システム現代文』シリーズ、『出口汪の「最強！」の記憶術』『出口汪の「最強！」の書く技術』『出口汪の「最強！」の話す技術』『子どもの頭がグンと良くなる！国語の力』『芥川・太宰に学ぶ心をつかむ文章講座』（以上、水王舎）、『出口汪の日本語論理トレーニング』（小学館）、『源氏物語が面白いほどわかる本』（KADOKAWA）、『教科書では教えてくれない日本の名作』（SB新書）、『奇跡の記憶術』『「考える力」を身につける本』『「論理力」短期集中講座』（フォレスト出版）、『東大現代文で思考力を鍛える』『センター現代文で分析力を鍛える』『京大現代文で読解力を鍛える』（大和書房）、『マンガでやさしくわかる論理思考』（日本能率協会マネジメントセンター）、『出口汪の論理力トレーニング』（PHP 文庫）『ビジネスマンのための国語力トレーニング』（日経文庫）、『やりなおし高校国語』（ちくま新書）などがある。

●関連 Web サイト

〈公式ブログ〉 http://ameblo.jp/deguchihiroshi/
〈オフィシャルサイト〉 http://www.deguchi-hiroshi.com/
〈Twitter〉 @deguchihiroshi
〈Facebook〉 https://www.facebook.com/deguchi.hiroshi
〈論理エンジン公式サイト〉 http://www.ronri.jp/
〈論理エンジン個人向けサイト〉 http://www.ronri-engine.jp/
〈国際標準論理文章能力検定〉 http://www.kisoryoku.or.jp/ronri/

出口 汪
Deguchi Hiroshi

大学入試

出口のシステム現代文

ベーシック編

別冊問題集

水王舎

目次

＊本書で取り上げている問題は、すべて入試問題です。

問題1　加藤　辿《たどる》『資源からの発想』（解説は本文30ページ）＜制限時間15分＞

次の文章を読んで、後の問いに答えなさい。

①　最近、料理を趣味とする人が増えたが、初心者とプロとで一つ大きく違っていることがある。初心者の場合は本や自分のレパートリー(注1)の中から、まず自分のつくりたいものを決め、必要な材料を買いにゆく。材料の中で一つでも手に入らないものがあれば、どこまでも探しにゆく。これに対してプロの料理人は、まず市場をのぞきにゆくという。そしてその日に入荷した材料の中から良くて豊富な旬《しゅん》(注2)のものを見つけると、それを中心にして活《い》かす料理の[　　]がそれから始まる。

②　初心者の場合は技術からの発想である。最初に手持ちの技術と設計があり、それに必要な資源を求める。これに対してプロのほうは、資源からの発想というべきであろう。最終目標についての大まかなイメージはあろうが、設計が初めから決まっているわけではない。まず手に入れられる資源を前提にして、(1)それを活用するための技術がそれから決まるのである。

③　(2)資源からの発想が可能なためには、レパートリーが広く、しかも自由にそれを応用し得る能力が必要である。だが結果的にはその時期ごとに最も良い材料で安く良

いものをつくることができる。

④　これまでの近代産業技術はつねに技術からの発想だったといえる。技術開発も、はじめに既存の技術があり、それをいかに修正するかの問題であった。設計図が先にあり、それに必要な資源は世界中から運んできた。石炭の豊富なところで始まった技術が全く石炭のないところへ導入されることもしばしば見られることであった。地元に他の資源があってもそれが既存の技術に合わなければ一切かえりみられず、ひたすら既存の技術に適する資源を追いもとめてきたのである。

⑤　その結果、石油やウランなど地域的に偏在のはげしい資源への過度の依存が起こり、それをめぐって各国がしのぎをけずり、国際的な政情の変化に一国の経済基盤が揺り動かされるようになったことは、今のエネルギー問題が雄弁に物語っている。そして今、有力な代替資源が見当たらないまま、石油資源の枯渇《こかつ》は目に見えはじめている。

⑥　だが資源は本当にないのだろうか？　エネルギー資源にせよ、鉱物資源にせよ、最近騒がしくいわれる水資源にせよ、よく考えてみると我々の身のまわりにはかなり豊富にある。ないのはそれを活用する技術であり、何よりもそこに目を向ける資源からの発想であった。

⑦　近代文明は、技術からの発想に立ってこれまで目覚ましい発展をとげてきた。手引き書《ハンドブック》の通りやりさえすれば初めての人でも一応の製品がつくれるからである。

日本はまさにその優等生であった。だがそれは所詮《しょせん》、(3)初心者の料理にすぎなかったのではあるまいか？　そして今、その基本的な材料の不足に音を上げている……。

⑧　今日、人類が直面している危機を乗り越え、新しい文明への道を拓《ひら》くためには、発想を一八〇度転換して、技術からではなく、資源からの発想に切り換え得るかどうかが鍵《かぎ》となることであろう。

（注1）レパートリー＝得意とするもの。

（注2）旬《しゅん》＝季節の食べ物のよくとれて味の最も良い時。

問一　□に入れるのに適切な語はどれか。

ア　設計　　イ　資源　　ウ　活用　　エ　レパートリー

［解答欄］

問二　(1)それが指している内容を、右の文章中から十字以内で抜き出しなさい。

［解答欄］

問三 (2)資源からの発想　とあるが、ここでいう「資源からの発想」による行動はどれか。

ア　牛乳パックで工作をしているとパックがなくなったので、友達の家までもらいに行った。
イ　おもしろい形の落ち葉をひろったので、その形や色合いをいかして動物のお面を作った。
ウ　シャボン玉を飛ばして遊んでいると液が足りなくなったので、おもちゃ屋で買い足した。
エ　どうしても読みたい本があったので、何軒も書店をさがしまわりやっと見つけて読んだ。

〔解答欄〕

問四 (3)初心者の料理　とはどういうことをたとえたものか。「資源」ということばを用いて、三十字以内で書きなさい。

〔解答欄〕

問五　八段構成の文章を内容の上から四つに区切るとすれば、最も適切な区切り方はどれか。

ア　〔①〕―〔②〕―〔③④⑤⑥〕―〔⑦⑧〕
イ　〔①〕―〔②③④〕―〔⑤〕―〔⑥⑦⑧〕
ウ　〔①②〕―〔③④〕―〔⑤⑥⑦〕―〔⑧〕

エ　〔①②③〕—〔④⑤〕—〔⑥⑦〕—〔⑧〕

［解答欄］

問六　文章を通して筆者が述べていることと、文章の表現の特徴を説明したものとして、最も適切なものはどれか。

ア　近代産業技術は発想を転換することで目覚ましい発展をとげてきたと、身近な例によって強調しながら述べている。

イ　人類が直面している問題を解決するためには技術の革新が望まれると、具体例を効果的に使用しながら述べている。

ウ　近代を支えた技術を発展させて身近な資源にも注目するべきであると、教訓的なたとえをまじえながら述べている。

エ　人類の直面する危機を乗り越えるためには発想の転換が必要であると、わかりやすい比喩《ひゆ》を用いながら述べている。

［解答欄］

問題2 谷川俊太郎『楽しむということ』（解説は本文42ページ）＜制限時間20分＞

次の文章を読んで、後の問いに答えよ。なお、〔1〕〜〔9〕は段落番号である。

〔1〕うまい物を食う楽しさがある。好きな人と共にいる楽しさがある。ひとりでぼんやり時を過ごせるⓐという楽しさもある、そして一篇《いっぺん》のⓑ詩を読む楽しさがある。それらを私たちは(ア)キンシツに楽しんでいるのだろうか。それらの楽しさのちがいを言葉で言い分けることは難しいにしても、少なくともそこに微妙な味わいのちがいは存在するだろう。人生を楽しむと一口に言っても、子どもの楽しみかたと、おとなの楽しみかたの間には差があるだろう。理由のない悲しみというようなものがあるとすれば、理由のない楽しさもあるだろう、そのどちらがより深い感情かは断じがたいはずなのに、私たちはともすれば笑顔よりも、涙をたっとぶ。

〔2〕アメリカ人とつきあうようになったころ、エンジョイ（楽しむ）という言葉に、彼らが私たち日本人よりも大切な意味を与えているらしいと知って、少々(イ)キイな感じがしたおぼえがある。パーティに招かれても、すぐに主人役が近づいてきて、楽しんでいるかと訊《き》く。イエスと答えれば彼は満足するし、帰りがけにこっちが言うお礼の言葉も、楽しかったとひとこと言えばそれで十分なのである。そのエンジョ

イという言葉は、たとえば一篇の詩の読後感にも、(ウ)シンソツなほめ言葉として使われる。パーティも楽しむものなら、詩も楽しむものだというその考えかたに、何かしら少々大ざっぱなものを感じたと同時に、彼らが私たち以上に楽しむことを大事にしているのを、うらやましくも、またいじらしくも思った。

〔3〕 楽しさを口に出せば、その人が本当に楽しんでいるのかと言えば、そうも言えないだろう。他人に伝える必要のない、自分だけの楽しさもあるし、他人とわかちあうことで余計に楽しくなる楽しさもある。日本人がアメリカ人よりも、楽しさを感ずる度合いが少ないとは思わない。けれどひとつの社会が、楽しむということにどれだけの価値を、暗黙のうちにおいているかということになると、これはまた別の問題になる。

〔4〕 私は比較的自由な家庭に育ったけれど、楽しむということにいつも©かすかなうしろめたさのようなものを感じていた。楽しむことはどこかで不真面目《ふまじめ》につながり、またどこかで子どもっぽさにも通じていた。楽しかった？ ときかれて、うんと答えるのは動物園帰りの子どもには許されるけれど、おとなにはふさわしくない、たとえ楽しかったとしても、おとなはそれを顔には出さぬものだと、そんな風に考えていたようなところがある。楽しさというものは感覚的なものであり、それは精神よりもむしろ肉体にむすびついていて、どこかに淫靡《いんび》なものをかくしていたとさえ言える。

〔5〕　こういう感じかたがどこからきたのかをさぐるのは、私にとっては容易なことではない。武士は白い歯を見せてはならないという儒教的な伝統が、我が家にも残っていたのかもしれないし、私の母が影響を受けたと思われるキリスト教的な禁欲主義が、目に見えないところで私をしばっていたかもしれない。そうしてまた、宮沢賢治の〈世界がぜんたい幸福にならないうちは個人の幸福はあり得ない〉という言葉に(エ)シュウヤクされているような、理想主義的な考えかたが、自分だけの楽しみに或《あ》るやましさを与えていたということもあったかもしれないし、何よりも戦中戦後の生活の困難が、楽しむということを一種のタブーにしていたと思う。

〔6〕　そういう風に感じる自分に反発するような気持ちで、肉体が性的に成熟しようとする一時期、私は少しむきになって過去にも未来にも目をつむり、自分ひとりの現在に生きる楽しさを謳歌《おうか》したことがあった。しかしそれでもまだ、私には感覚の全的な解放に対するおそれのようなものがあったようだ。これは私ひとりだけの感じかたであったのだろうか。

〔7〕　今の日本に生きる私たちは楽しむことに事欠かないように見える。楽しむことは大っぴらに(オ)ショウレイされ、楽しむための技術はさまざまに工夫され、それは人生の唯一の目的であるかのようにも装われている。それが単に楽しみを売る商業主義の結果だけでないことは、反体制的な若者たちもまた、物質に頼らぬ質素な生活の楽しみを求めてさまよっているのを見ても分かるだろう。

〔8〕だがその同じ私たちが、一篇の詩を本当に楽しんでいるかどうかは疑わしい。詩に限らず、文学、芸術に関する限り、私たちは楽しさよりも先《ま》ず、何かしら〈ためになること〉を追うようだ。楽しむための文学を、たとえば中間小説、大衆小説などと呼んで区別するところにも、自らの手で楽しむことを卑小化する傾向が見られはしまいか。感覚の楽しみが精神の豊かさにつながっていないから、楽しさを究極の評価とし得ないのだ。

〔9〕楽しむことのできぬ精神はひよわだ、楽しむことを許さない文化は未熟だ。詩や文学を楽しめぬところに、今の私たちの現実生活の楽しみかたの底の浅さも表れていると思う。悲しみや苦しみにもしばしば自己憐憫《れんびん》が伴い、そこでは私たちは互いに他と甘えあえるが、楽しみはもっと孤独なものであろう。楽しさの責任は自分がとらねばならない、そこに楽しさの深淵《しんえん》ともいうべきものもある。それをみつめることのできる成熟を私たちはいつの間にか失ったのだろうか、それとも未《いま》だもち得ていないのだろうか。

問一 傍線部(ア)〜(オ)は熟語の一部であるが、これにあたる漢字を、次の各群の①〜⑤のうちから、それぞれ一つずつ選べ。

(ア) キンシツ
① 禁
② 均
③ 緊
④ 近
⑤ 筋

(イ) キイ
① 易
② 囲
③ 移
④ 為
⑤ 異

(ウ) シンソツ
① 新
② 信
③ 心
④ 真
⑤ 進

(エ) シュウヤク
① 集
② 拾
③ 収
④ 修
⑤ 周

(オ) ショウレイ
① 例
② 励
③ 礼
④ 冷
⑤ 令

〔解答欄〕

(ア)	(イ)	(ウ)	(エ)	(オ)

問二　傍線部ⓐ「という」と最も近い意味・用法のものを、次の①〜⑤のうちから一つ選べ。

① 最近、本を読むということが少なくなった。
② 「忙しい忙しい」というのがあの人の口ぐせだ。
③ 天気予報では明日台風が上陸するということだ。
④ 「ジロウ」という名の犬がいた。
⑤ 今日という今日は許さないぞ。

［解答欄］

問三　傍線部ⓑ「詩を読む楽しさ」とあるが、それが本当の「楽しさ」となるための条件について、筆者はどのように考えているのか。最も適当なものを、次の①〜⑤のうちから一つ選べ。

① 世界がぜんたい幸福にならないうちは個人の幸福はあり得ない。
② 楽しさというものが精神よりもむしろ肉体にむすびついている。
③ 物質に頼らぬ質素な生活の楽しみを求める。
④ 自分ひとりの現在に生きる楽しさを謳歌する。
⑤ 感覚の楽しみが精神の豊かさにつながっている。

［解答欄］

問四　傍線部ⓒ「かすかなうしろめたさのようなものを感じていた。」とあるが、その気持ちの根底にあって、どうしても克服できなかったことは何か。最も適当なものを、次の①〜⑤のうちから一つ選べ。

① 喜びを顔に出さないようにするおとなの感覚。
② 感覚や肉体にむすびつく淫靡なものへのためらい。
③ 楽しさの中にある個人主義的なものを否定する考え。
④ 感覚の全的な解放に対するおそれのようなもの。
⑤ 楽しむための文学を自らの手で卑小化する傾向。

〔解答欄〕

問五　〔1〕〜〔9〕の中で、楽しむということについて、筆者が内省的に述べている段落はどれか。その組み合わせとして最も適当なものを次の①〜⑤のうちから一つ選べ。

① 〔1〕〔2〕〔3〕　② 〔2〕〔4〕〔6〕　③ 〔4〕〔5〕〔6〕
④ 〔5〕〔6〕〔9〕　⑤ 〔7〕〔8〕〔9〕

〔解答欄〕

問六　右の文章の趣旨に合致するものを、次の①〜⑥のうちから、二つ選べ。順序は問わない。

①　日本人は他人と甘えあわない孤独な楽しみを大切にしているが、それに対してアメリカ人は協調性を重んじ、パーティのような集団で楽しむことに大きな価値を認めている。

②　楽しみにはさまざまな陰影があるが、楽しむことの本質は孤独なものであり、私たちにはその深淵を自己の責任においてみつめる精神の強さと豊かさが必要である。

③　楽しむということには何かしらうしろめたさや子供っぽさがあるものだが、それを克服するためには文学や芸術に親しみ、精神を豊かにすることが肝要である。

④　私たちはややもすると文学や芸術に対して功利的な意義を求めがちだが、それは楽しみかたの底の浅さ、ひいては現代の日本文化の未熟さを示すものにほかならない。

⑤　日本人は楽しむことにある種のうしろめたさを感じてきたが、私たちはそのような感じかたを捨てて、楽しむことの追求を人生の唯一の目的とすべきである。

⑥　悲しみや苦しみといった感情は自然に通じあえる共通の精神的基盤に支えられているが、楽しみはもっぱら自分だけのものであり、他人に理解されない深淵を持っている。

〔解答欄〕

問題 3 大塚英志『物語消費論』（解説は本文56ページ）＜制限時間20分＞

次の文章を読んで、後の問いに答えよ。

おまじないがブームである。流通業界では女子高校生の流行を表わすキーワードとして〝3J〟というのがあるそうだ。HARAJUKU、OMAJINAI、光GENJIの三つを指すという。ファッション誌『流行通信』は、一九八八年注目の風俗としておまじないをあげている。おまじないこそが八八年のトレンドであると世間は騒いでいるが、女の子たちの間では八二年ごろから密かにブームが始まっていたのである。五年以上もたってようやく表にフジョウしてきたわけだ。

で、今おまじないがトレンディ、などと口走っている人々もそれでは同じように女の子たちの支持を集めている星占いとおまじないの違いをきちんと把握できているかといえば、そうではあるまい。確かに、おまじないブームは星占いの専門誌『マイバースディ』から始まったものであるが、両者をだからといって混同してはならないのである。星占いとおまじないの間にある差異を理解してこそ、ブームの本質が理解できるといえるのだ。

星占いとは結論からいえば科学なのである。占星術が天文学の祖であることは常識だが、星の運行を知りそれに支配される人や国家の運命を予測する科学が占星術の本質である。そこに存在するのはあくまでも合理的な思考力に他ならない。日本にも古代から占星術は存在している。六七五年には天武天皇が占星台というハシセツを作ったという記録がある。以後、占星術は密教や陰陽道とむすびつき、政策科学として日本の歴史の中で国家権力を支えてきたのである。そういうことは荒俣宏『帝都物語』(注1)にもちゃんと書いてある。現在の科学の体系とは異なるものの、例えばホロスコープの計算は数学であり、だからこそコンピュータ星占いなどというものが可能なのである。星占いとは合理的な思考に基づいた予測のための科学なのであり、近代経済学が日本経済のニユクエ(注2)をシミュレーションしたり、c雑誌『ＤＩＭＥ』が商品情報を集めてきて時代のトレンドとやらを読んでしまうのとなんら変わりはないのである。

しかし星占いが合理的な予測である以上、その結論を変えることは出来ない。出来るのはあくまでも予測のみである。運勢が良くないと占いにでてしまったら、その間はおとなしくしていることぐらいしか対策はないのである。平安時代の陰陽師でさえせいぜい、そっちの方角はよくないので裏口から出て遠回りしていきなさい（方違え、という）などとアドバイスするぐらいしか出来なかった。

これに対して、おまじないは、変更不可能なはずの未来を A しようというものである。例えば「電話の願い」というおまじないがある。これは好きな彼が三日も電話をくれないというような事態が生じたときにおこなうもので、電話のダイヤルを回さず受話器をとって「××さん、電話かけてきて」と言って切ると、彼から電話がくるというものである。ここには占星術にあった合理的思考はない。願えばかなうという素朴な祈りがおまじないをささえる原理である。星占いが科学であるとすれば、おまじないは宗教なのだといえる。しかも、今回のおまじないブームの興味深いところは西洋の黒魔術や民俗学的な呪術といったできあいのおまじないを使うのではないという点である。新しく作られたオリジナルのおまじないがブームとなっているのが特徴なのである。

　おまじないを勝手に作っていいのかと疑問に思う人もいると思うが、『マイバースディ』ではマーク矢崎治信というおまじないクリエーターが創作した新作おまじないが人気を集めている。以前のオカルトブームの時もおまじないめいたものが流行したが、その時はタロット(注3)や魔法陣といった既製品のアイテム(注4)が使われた。ところが今回は、この種のおまじない用品や出来合いのおまじないは使われない。さっきの電話のようにおまじないの道具に使われるのは、バンドエイド（左手に好きな人の名前を書きその上に貼ると想いがとどく）、林檎、緑のインク、リップクリーム、赤いボールペンといった類である。サンリオショップあたりで扱われるファンシーグッズはたてい女子高生のおまじない用品と化していると考えて間違いない。

　おまじないとは、少女たちが自分たちの生活空間に作り出した〈小さな宗教〉なのである。それはいってしまえばアニミズムの一種なのだといえるかもしれない。風や木や石や身のまわりの自然物すべてに名もなき小さな神がやどっていると考える f日本人の神観念に実は彼女たちは忠実なのである。森や木の代わりに少女たちの環境として存在するのがファンシーグッズであるという違いはあるけれど。

（注）1 ホロスコープ――星占い。
2 シミュレーション――模擬実験。
3 タロット――占いに用いるカード。
4 アイテム――項目。

問一 文中の二重傍線部イ、ホ、への読みがなをひらがなで記せ。

［解答欄］イ　　ホ　　ヘ

問二 文中の二重傍線部ロ、ハ、ニのカタカナを漢字に直して楷書で記せ。

［解答欄］ロ　　ハ　　ニ

問三　文中の[A]にあてはまる語を、次の中から選び、符号で答えよ。

ア　修正　　イ　予見　　ウ　発見　　エ　先取り

［解答欄］

問四　文中の傍線部ａ「トレンド」の訳語として適切なものを、本文中から抜き出して答えよ。

［解答欄］

問五　文中の傍線部ｂ「星占いとおまじないの違い」とあるが、その違いを端的に述べている一文を、本文中から抜き出して、はじめの五文字で答えよ。

［解答欄］

問六　文中の傍線部ｃ「なんら変わりはないのである」とあるが、それはなぜか。次の中から適切なものを選び、符号で答えよ。

ア　星占いの手法には論理性があるから。
イ　星占いの手法は現在の科学の基となっているから。
ウ　星占いの手法にはコンピュータが使われているから。
エ　星占いの手法は政策科学として用いられているから。

［解答欄］

問七　文中の傍線部ｄ「ここには占星術にあった合理的思考はない」とあるが、なぜか。次の中から適切なものを選び、符号で答えよ。

ア　電話のおまじないは、単なる流行にすぎないから。
イ　電話のおまじないは、未来をよりよく予測しようとするものだから。
ウ　電話のおまじないは、占星術とちがって、現在の科学の体系とは異なっているから。
エ　電話のおまじないは、根拠なしに自分の願いを実現させようとするものであるから。

［解答欄］

問八　文中の傍線部e「オリジナルのおまじない」とあるが、このことを筆者はどのように説明しているか。本文中から二十字以上三十字以内で抜き出し、はじめと終わり各五文字で答えよ。

［解答欄］　はじめ □□□□□ ……　終わり □□□□□

問九　文中の傍線部f「日本人の神観念に実は彼女たちは忠実なのである」とあるが、それはどういうことを言っているのか。次の文はそれを説明したものである。空欄 1 から 3 にあてはまる最も適切な一語を、それぞれ本文中から選び、答えよ。

日本には古来から身のまわりの物すべてにそれぞれ 1 が存在するという信仰があった。したがって、少女たちがおまじないの 2 として、電話やバンドエイドやリンゴなどの身近にあるものを選び、それらに自分の願いを託するという行為は、日本古来からの 3 崇拝という共通するものがあるといえよう。

［解答欄］　1 □　2 □　3 □

問題4 山田洋次『寅さんの教育論』（解説は本文72ページ）〈制限時間20分〉

次の文章を読んで、後の問いに答えよ。

寅《とら》の少年時代は、経済的にも、あるいは家族関係の上でも恵まれていませんでした。（中略）彼は妹の「さくら」とは違って、父親が芸者と浮気して、その芸者にはらませた子どもだという設定になっているんです。

寅は次男だから寅次郎という名前です。長男はたいへんな秀才でしたが、中学生の時に死んでしまいました。父親はひたすら長男に期待をかけていて、次男の寅には二言目には、勉強ができない、顔もみっともないと悪口を言う。何かといえば、長男を引合いに出して、「おまえはバカだ」（中略）などと言う。そういうひどい仕うちを受けながら寅は育ったのです。

父親はそのように乱暴な男だったし、生みの母親は寅を捨ててしまったような女だったけれど、育ててくれた母親という人は、とても優しい人だったのではないか、と考えました。夫が芸者に生ませた子どもなのに、文句も言わずに引き取り、自分の息子と同じように妹のさくらと［1］なく寅を愛してくれたんだろうと。

だから、寅という人間が、［2］になり、思いやりのある人間になれたというのは、不幸な星のもとに生まれながらも、育ての母親がそのように愛情をもって接してくれたからなんだろうと考えているんです。それがないと、きっと本格的な非行少年になり、ほんとうのヤクザものになってしまったのではないでしょうか。

寅は自分の口では、「おれはヤクザもんだ」、「ヤクザな稼業だ」と言っているけれども、彼のとっても素敵なところ、相手の気持になることができるやさしい思いやりをもっているのは、彼がそのように実の親や周囲の人たちから侮辱され、あるいは差別されながら育ったということ、しかも、それだけではなくて、彼が小さいときに、育ての母親が[3]から生まれたのだと思います。

人が成長する背後には、いつも変わらない風景と、いつも変わらない人間関係があることこそ望ましいと思います。寅の故郷は御存知、東京は葛飾柴又《かつしかしばまた》です。寅がこの言葉を口にする時、どれほど懐かしい思いをこめることでしょうか。

ぼくは「お国自慢」というやつは大嫌いです。なんでも自分の県がいちばんいいと威張ったり、自分が卒業した学校をやたらに自慢したりするのはあまり好きではありません。同じ県人だろうと、同じ同窓生だろうと、手を組んでいけない人間ははっきりいるわけで、人間と人間のつながりは[4]でなきゃいけないと思うんです。同じ日本人だって許すことのできない悪者はたくさんいるし、悪い日本人よりも素敵なアメリカ人のほうが、ロシア人のほうが、中国人のほうが、はるかに信頼できる友だちになれるはずです。

だから寅は、「おれの柴又はいいとこだ」という自慢の仕方は一度だってしていません。おれの故郷は葛飾柴又というところなんだ、それは古臭くて貧しいとこなんだと、ちょっと恥ずかしげに言うんです。しかし、いつでもそこには、広々とした江戸川の流れがあるんだ、帝釈天《たいしゃくてん》があるんだ、おれのおいちゃんとおばちゃんとさくらが、けちなダンゴ屋をやりながらおれのことを待っていてくれるんだと。

そういう言い方のなかに、寅がちょっぴりある種の誇りを、照れながらも交えて言うのはなぜかというと、柴又は変わらないということが彼には自慢なのです。その風景と、そこの土地の人間関係は、[5]に、彼がひそかな誇りをもっているんだろうと思うのです。

寅のような子どもは、その成長の過程で、周囲にいるいろいろな人と触れ合うことによって、つまり、やさしいおじさんもいれば、おっかないお寺の坊さんもいる、口やかましいタバコ屋のお婆さんもいたりする、というようにいろんなタイプ、さまざまな性格の人間と触れ合うことによって、[6]を小さい時から養っていったのではないでしょうか。

あのうるさいお爺さんにたいしてはこういう口のきき方をしなきゃいけないとか、おっかないお寺の和尚さんをごまかすためにはこのへんをくすぐれば成功するとか、そういうことを学び、知恵として獲得することで、子どもは自分自身を成長させていくのではないでしょうか。

トンボの性質をよく知った上でその捕え方を学んだり、フナを釣る技術を近所のお兄さんからおそわったりすると同時に、いろんな人間に接触する仕方を覚え、そのことから［7］を理解するようになる。そういうことによって人間は一人前の大人になっていくのだと思います。

それと、うまく言えないけれども、成長していく過程で、周囲の景色が変わらないということも、人間にとっては大切なことのように思います。たとえば物心つく三つ、四つのころは、ただただ広くて恐ろしいような川だったが、小学校に入るころになると、こんどは魚やエビを獲って遊ぶ楽しいところだった。あるいはもっと大きくなって、夏になると水泳ができる面白い遊び場となる。さらに思春期になれば、恋を失った悲しみを、優しく慰めてくれる懐かしい景色ともなる。

そのように、子どもが、自分の周りの風景や人間関係を見る眼が少しずつ変わっていくことによって、［8］ができる。そのためには、子どもをとりまく風景や人間関係はあまり変わらない、という必要もありはしないか、と思ったりするのです。

文明が進んでいけば、当然世の中の姿も変わるということはあるにせよ、そのあまりに激しい変わり方については疑問があるのでして、その土地に帰っていけば、自分の少年時代に見た風景が、自分の少年時代に過した家が、少年時代に遊んだ原っぱや川が昔と変わらない形で残っている人間は、とても幸福なのではないか、と思います。故郷の山はありがたきかな、という詩がありますが、故郷の山はいつも変わらないことに値うちがあるのであって、故郷に帰った人間は、昔と変わらぬ山を見て、子どものころからその山に投げかけたさまざまな思いを追想し、自分の経てきた人生について考えるということなのでしょう。

そのような風景を見て育った人間は、心が豊かであるに違いない、と思います。その景色と会話し、たくさんの喜びや悲しみをその景色にフィード・バックさせながら、[9]ができるんじゃないんでしょうか。

いまの日本は、すさまじい勢いで風景が変わっています。故郷の山はいつも変わらない、というけれど、瀬戸内海に住む人の中には、山もけずられてなくなってしまったり、広々とした海が埋めたてられて、公害の煙を吐き出す工場地帯になってしまった人たちがどれほどいることでしょうか。故郷に帰るたびに、変わり果てた姿を見てむなしさを感じるというのは、今の日本人の大部分だと思うのですが、そのような環境の中で成長する子どもが幸せといえるのでしょうか。

だから、葛飾柴又は江戸川のほとり、帝釈天の門前町といういつも変わらない風景といつも彼のことを心配してくれている妹のさくらやその夫、おいちゃんにおばちゃん、お寺の和尚さんや、隣の印刷会社のタコ社長、といった変わらない人間関係をもっている寅は、幸福な人間だと思っています。

しかし現実には、いまの日本に、寅のような故郷をもっている人間はまず皆無といっていいでしょう。この映画の舞台である柴又の町だって、実はこの十何年のあいだに大変な勢いで変わってしまっています。

今から十五年前、この映画がスタートしたころとは、もう別な町のように変わってしまっているから、ぼくたちは映画をつくりながら、苦心惨たんして昔の形を維持し続けているわけです。だから、寅の故郷葛飾柴又という土地は、実は映画の中だけでの架空の場所であって、現実の柴又とは余りつながりがなくなっているのかもしれません。日本という国は、ほんとうにそれでいいのだろうか、それで日本人は幸せなのだろうか、という疑問を観客に持ってほしい。ぼくは、「寅さん」を作りながら、その架空の故郷柴又を描きながら、いつもそれを願っているわけです。

問一 空欄 1 ～ 5 に入るものとして、最も適当なものを次の中からそれぞれ選べ。

1 人の痛みのわかる人間
2 いつ行っても変わらないということ
3 同じように他人を愛すること
4 わけへだてをすること
5 ちゃんと愛情を注いでくれたということ
6 本来もっと別なところ

［解答欄］ 1 □ 2 □ 3 □ 4 □ 5 □

問二　空欄［6］〜［9］に入るものとして、最も適当なものを次の中からそれぞれ選べ。

1　人間のさまざまなタイプ
2　社会からはみ出してしまった人間
3　人間というものを理解する能力
4　自分の成長を認識すること
5　ふっくらとした情緒を脹《ふく》らませていくこと
6　親切に教えてやったりすること

［解答欄］　6［　］　7［　］　8［　］　9［　］

問三　本文の内容と矛盾しないものを、次の中から三つ選べ。

1　経済的にも家族関係にも恵まれず、不幸な少年時代を過ごしたことが寅を「ヤクザもん」に育てた。
2　育ててくれた義理の母親が寅に愛情を注いでくれなかったら、寅は「ヤクザな稼業」につくことはなかった
3　寅はそこで不幸な少年時代を過ごしたからこそ、柴又を懐かしく思ってはいてもなかなか帰って来られない
4　不幸な少年時代を過ごしたにもかかわらず寅に思いやりの心があるのは、育ててくれた義理

の母親の愛情の賜物である

5　いつも変わらない風景は、子どもを他人の痛みがわかり思いやりのある人間に育てるための母体である

6　人間味豊かな大人になるためには、なるべくさまざまな性格の人間と触れ合うことが大切だ

7　現代の日本は急速な勢いで風景が変わりつつあるが、そんな中で葛飾柴又だけはまったく変わっていない

8　いつも変わらない故郷と自分を待っていてくれる人たちを持っている寅は、実はとても幸福な人間である

［解答欄］　□　□　□

問題5 中村雄二郎『術語集』（解説は本文82ページ）〈制限時間25分〉

次の文章を読んで、後の問いに答えよ。

〈正常〉と〈異常〉という区別ほど、ほんとうは多くの難しい問題を含んだ問題であるのに、通常簡単に考えられている区別も少ない。簡単に考えられているというより、すすんで簡単に考えようとしているとさえ言えるほどだ。簡単に考えようとするのは、自分の身を［(1)］の側に置いて、［(2)］との間にはっきりした一線を画そうとするからである。［(3)］なものとの区別において自己の［(4)］なことをうち立てるためだとも言える。そこにあるのは、［(5)］なものに対する怖れと不安、およびそれらにもとづく排除であろう。

そのわかりやすい例は、〈魔女狩り〉——狭い意味での魔女狩りだけでなく、〈赤狩り〉などをも含めた広い意味での——である。そこでは、人々は自分が魔女（あるいは妖術師）であるとしるしづけられ、見なされることを怖れて、魔女をさがす。あるいは誰か怪しいところのある他人を魔女に仕立てる。〈魔女狩り〉に協力すれば、それも熱心に協力すれば、自分が魔女ではないという証しになるかのように。そういう仕組みあるいは関係のなかでは、魔女の実在性はどうでもよい［(6)］になってしまい、ただ区別するための記号――いわば内容なき空白の記号――があればそれでいいということにさえなるのである。

概念としていえば、〈異常〉とは正常な基準からの逸脱にほかならないけれど、むろんただそう言っただけでは済まない。なんとなれば、その正常な基準というのが、量的な平均値や数的多数性にもとづくだけでなく、質的な価値基準にかかわるからである。正常に対する異常、ノーマルに対するアブノーマルを根拠づけうるものがあるとすれば、［(7)］にもとづく基準からの逸脱だけであるのに、実際にはそこに、どうしても［(8)］が入りこんできてしまうのである。

たとえば、人間の知能を計るのに知能指数（IQ）という計り方があって、知能指数一〇〇を中心に八五から一二〇ぐらいの人が正常の知能の所有者だと見なされている。つまり、そこにおのずと［(9)］が入りこみ、異常とは正常な基準から逸脱するもののなかで、とくに好ましからぬもの、劣ったものを指すことになる。

もっとも、さらにいえば、［(10)］。たとえば、テレパシー、念力などの超心理学の領域での異常素質の持主について考えてみると、このような人たちが正常から区別されるのは、彼らが大多数の人たちのもっていない特別の能力をもっているからである。彼ら超能力者は、その異能のために、普通の日常世界、常識世界の住人からは、いかがわしいもの、不安を与えるものと見なされる。そこで彼らはしばしば、精神病者と同一視されるだけでなく、かつて魔女や悪魔として迫害されることが多かったのである。

このような次第で、〈異常〉の〈正常〉からの区別は、本来は［(11)］にもとづく基準からの逸脱によって示されるべきなのだが、それだけにとどまらず、そこにおのずと、劣ったもの、いかがわしいもの、不安を与えるもの、病的なものといった［(12)］による評価が入りこんでこざるをえない。だから、人々が好んで自分を正常とするのは、［(13)］を拠り所にしつつ、一方ではいかがわしいもの、不安を与えるもの、病的なものからわが身を守るとともに、他方では、劣ったものから自己を区別することによって、自己の優越性をうち立てるためである、ということになる。

そしてまさにその点において、この〈正常〉と〈異常〉という区別は、近代合理主義文明のなかでの〈理性〉と〈狂気〉という区別あるいは分割にもっともよく(14)タイゲンされている。理性と狂気という区別は、［(15)］に反するものはすべて［(16)］だとする考え方にもとづいている。さらにその前提となっているのは、［(17)］を唯一にして(18)フヘン的なものだとする考え方であり、そこでは人々は、理性と狂気――ひいては正常と異常――とを区別する原理が［(19)］でないこと、またそのような分割原理が人間によって設定された［(20)］であることを認めようとしない。

しかし、［(21)］を実体化しつつ唯一にしてフヘン的なものだとするのは、近代知のドグマの一つだったと言うべきなのだ。そして、理性と狂気――ひいては正常と異常――との区別あるいは分割は、M・フーコーも指摘するように、近代産業社会の要請する分割原理、つまり労働と怠惰（無為）、［(22)］によってなされたのである。

フーコーは述べている。中世末期以来、ヨーロッパの人間は彼らが(23)バクゼンと〈狂気〉だとか〈錯乱〉だとか〈非理性〉だとか呼んでいた或るものと浅からぬ結びつきをもちつづけてきた。西洋の知のもつ深さは、おそらくこの闇をはらんだものの現前になにかを負っていたはずである。ところが近代にはいるにつれて〈狂気〉と〈理性〉とは次第に分離するようになる。とくに古典主義時代あるいは理性の時代といわれる十七、八世紀になると、理性と狂気とは相互の対話とコミュニケーションをもつことができなくなって行く。こうして、狂気や狂人は市民生活から排除されるようになり、それらは市民権を失って、厚い壁のなかに監禁されるようになる。それも、貧困者、浮浪者、軽犯罪者たちと一緒にだ。

すなわち、狂気や狂人が理性や秩序から排除され監禁されていくとき、狂人たちは新しいカテゴリーのうちに分類されるようになり、ここに、理性に反する者たちが、秩序（社会的・道徳的秩序）に反する者たちと同一視されるに至った。この場合、施設への狂人たちの収容は、治療のためではなく、彼らを市民生活から(24)カクリしつつ、無為のまま捨ておかずに、労働に従事させるためであった。このようにして、労働と無為（怠惰）とは〈理性の時代〉において、理性と狂気とにそれぞれ重なりつつ、根本的な〈分割〉を形づくったのである。

このようなフーコーの考察がたいへん(25)シサ的なのは、近代産業社会の価値観が狂気と理性（正気）の分割だけでなく、異常と正常の分割にも貫いて見られることを明らかにしてくれたことである。そして、いまや私たちは、［(26)］。というのは、［(27)］とはほかならぬ人間の根源的自然として誰のうちにもあるものであり、異常とは日常的な規範あるいは秩序を破って現われる根源的自然の怪異な姿だからである。

（注）M・フーコー……現代フランスの哲学者。著書に『狂気の歴史』『言葉と事物』などがある。

問一　傍線(14)(18)(23)(24)(25)のカタカナを漢字に改めよ。（楷書で正確に書くこと）

［解答欄］

(14)［　］　(18)［　］　(23)［　］

(24)［　］　(25)［　］

問二　空欄(1)(2)(3)(4)(5)には「正常」または「異常」という語のいずれかが入る。もっとも適当な順序に並んでいると思うものを左から選んで符号で答えよ。

A　異常―正常―正常―異常―正常　　B　正常―異常―異常―異常―正常

C　正常―異常―正常―異常―異常　　D　異常―正常―異常―正常―異常

E　正常―異常―異常―正常―異常　　F　異常―正常―正常―異常―異常

〔解答欄〕

問三　空欄(6)(7)(8)(9)(11)(12)(13)(19)(20)(22)に入れるのにもっとも適当な語句を左から選び、符号で答えよ。なお、同じものを繰り返し用いて答えてもよい。

A　絶対的なもの　　B　質的な価値基準　　C　第二義的なもの　　D　制度的なもの

E　量的平均と数的多数性　　F　経済的な有用性と無用性

〔解答欄〕

(6)　(7)　(8)　(9)　(11)

(12)　(13)　(19)　(20)　(22)

問四　空欄(15)(16)(17)(21)(27)には「理性」または「狂気」という語のいずれかが入る。もっとも適当な順序に並んでいると思うものを左から選んで符号で答えよ。

A　狂気――理性――理性――理性――狂気　　B　理性――狂気――理性――理性――狂気

C　理性――理性――狂気――理性――理性　　D　狂気――理性――狂気――狂気――理性

E　理性――狂気――狂気――理性――理性　　F　理性――狂気――理性――狂気――理性

〔解答欄〕

問五 次の文章を本文中に入れるとすれば、どこが適当か。もっとも適当と思う箇所を、その後の文の初めの五字で示せ。（句読点は一字に数えない）

だが、その正常な基準から逸脱するものがすべて異常と見なされるのかというと、必ずしもそうではない。平均値を著しく下まわった知能の持主に対しては容易に〈異常〉というレッテルを貼りえても、平均値をはるかに上まわった知能の持主に対しては、〈異常〉というレッテルを貼られることがほとんどない。

〔解答欄〕

問六 空欄⑽に入れるのにもっとも適当と思うものを左から選び、符号で答えよ。

A 異常が指す劣ったものは、必ずしも好ましからぬものであるとは限らない
B 異常が指す劣ったものは、必ず常に好ましからぬものである
C 異常が指す劣ったものは、必ずしも常に劣ったものとは限らない
D 異常が指す好ましからぬものは、必ずしも劣ったものであるとは限らない
E 異常が指す好ましからぬものは、必ず常に劣ったものである

〔解答欄〕

問七　空欄(26)に入れるのにもっとも適当と思うものを左から選び、符号で答えよ。

A　理性（正気）を自分の外側の人々にではなく、自分たち自身の内側に見つめるべきだろう

B　理性（正気）を自分たち自身の内側にではなく、自分の外側の人々に見いだすべきだろう

C　理性（正気）を自分たち自身の内側だけでなく、自分の外側の人々にも見いだすべきだろう

D　狂気や異常を自分たち自身の内側にではなく、自分の外側の人々に見いだすべきだろう

E　狂気や異常を自分たち自身の内側だけでなく、自分の外側の人々にも見いだすべきだろう

F　狂気や異常を自分の外側の人々にではなく、自分たち自身の内側に見つめるべきだろう

〔解答欄〕

問題6 連城三紀彦『白い言葉』（解説は本文104ページ）＜制限時間20分＞

次の文章を読んで、後の問いに答えなさい。

娘の学校から電話がかかってきたのは、佳子が部屋の整理をしている真っ最中だった。

「直美さんが、白紙のまま答案用紙を出して……」

他にもおかしな言動が目立つから一度相談したいと、担任教師は①コンワクのため息をつないで言った。

電話が切れても、佳子はすぐに受話器から手を離せなかった。直美は父親似である。昨夜も夫が「これじゃ家じゃなく物置だな」そう言って斜めに折った冷たい視線を見ながら、最近直美が見せる目つきとそっくりだと考えた。

中学三年になってから、たしかにそんな②フキゲンな顔で部屋に閉じこもるようになったが、受験勉強のきびしさにいらだっているのだろうと見過ごしてきたのだ。

その日は娘には何も言わず、翌日の土曜の午後、「買い物につきあってよ」と強引に新宿のデパートへ連れだし、食堂でAたわいもない世間話をした後で、佳子は、「この食堂、お父さんとお母さんが初めてデートした場所なの。昔とはずいぶん変わったけど……小学生のころ、直美よく二人がどうして結婚したか聞いたわね。もう大きくなったから教えてあげる。お父さんがね、B白紙の泥沼からお母さんを救いあげてくれたのよ」

　さりげなくそう切りだした。

　黙りこんでいた娘は、ケーキを切ろうとした手をとめ「ハクシ？」と目だけで問い返してきた。まっすぐに母親を見ず、視線はわざと遠回りをしている。

　正確には白紙というより白い③便箋である。

　三十も間近になってまだ腰かけ気分で会社勤めを続けていた佳子のアパートに、差出人の名前のない奇妙な手紙が届くようになった。

　宛て名はタイプで打たれ、中から出てきた一枚の便箋には何の文字もない。消印の郵便局名にも心あたりはなかった。それが梅雨の初めから夏が終わるまで週に二、三通は届いた。

　今で言うなら無言電話だろうが、白い便箋の無言は、電話の無言よりも④威圧感があって、佳子は蒸し暑い晩もカーテンをしっかりと閉ざした。

手漉《てす》きの高価そうな和紙は『女』よりも、白すぎる皮膚をした『男』を連想させた。梅雨どきは雨音に湿り、真夏は紙が白い汗をかいた……。封筒のまま破り棄てたかったが、今度こそ何か書いてあるかもしれないとも思ってしまう。そのたびに広がる一枚の空白は誰かの白い顔であり、白い目だった。

閉ざしたカーテンのむこうから白い目に一晩中⑤カンシされているような恐怖があった。水底深くに沈んで、聞こえない誰かの声に苦しむ夢も見た。C無言の手紙は夜をうばった。

白夜よりも白く眩しい夜がひと夏つづき、秋風が立つころになってやっと、その空白の連絡はとだえた。夏の暑さが誘発した犯罪の一つだったのだろう。そう考えたものの、夏の残響のように不安の後遺症はつづき、郵便受けをあける手をためらわせた。秋も深まったのに、ひきだしの中にたまった何十枚の便箋はまだ騒がしい光を残し、色づいた季節のすみに終わったはずの夏が白く落とした穴を開いていた。

結局、佳子はその便箋で、D音沙汰なしになっていた昔の知人たちに手紙を書くことにした。夏のあいだも、空白の便箋に落書きのような返事を書いて送り返してやりたいという衝動を何度もおぼえたが、宛て先がわからず、そのことに何より苦しんでいた気もする。

字で埋まると、それはただの便箋になり、佳子はホッとした。

七人に出した手紙のうち返事をくれたのが三人だった。そのうちの一人が高校時代ちょっとした交際のあった野球部員で、いかつい文字で『今度あいませんか』と書かれていた。

それが今の夫である。

白紙が佳子の平凡だが幸福な結婚生活に裏返ったのだから、悪質ないたずらの主に

も感謝したいところだが、

「でも、何も書いてない手紙って脅迫状と変わりないのよ」

と白紙の答案の話にもっていこうとすると、

「その犯人、お父さんよ」

直美が不意に口を開いた。

「お母さんの、物を棄てられない性格知ってて、いつかその白紙を使って自分にも手紙をくれるかもしれないって……お母さん、何も気づかないまま返事を書いただけじゃないの？」

「まさか……」

結婚して十七年、一度もそんな風に考えたことはない。あれが無言のラヴレターだったというのだろうか……夫らしい遠回しの。

笑い飛ばそうとして笑いきれないまま、ふと佳子の目は娘の斜めに折れた視線がEひどくまっすぐ、宙の一点を見ているのに気づいた。

その一点に、一人の男の顔が浮かんだ。

F「直美、あなた、北沢先生に恋してるの？」

担任の、教師にしては頼りない少年のような目を思い出しながら、思わずそう聞いていた。

問一　文中の①～⑤の、カタカナは漢字に、漢字はひらがなに直しなさい。

［解答欄］

①　　②　　③

④　　⑤

問二　傍線部A「たわいもない」と、傍線部D「音沙汰なし」の意味を書きなさい。

［解答欄］

A

D

問三　傍線部B「白紙の泥沼からお母さんを救いあげてくれた」とはどういうことか。次の中から最も適当なものを選び、記号で答えなさい。

ア　白紙の答案を出して卒業できなくて困っていた母に助言をしてくれた。

イ　白い便箋の恐怖が続いていた夏に、野球部員だった父さんが宛て名を教えてくれた。

ウ　白紙の答案で先生に嫌われて泥沼のようだったのに、父さんが恋人になってくれた。

エ　無言電話のような恐怖を与える白い便箋の威圧感から楽にしてくれた。

オ　物を棄てられない性格をどうすることもできなくて白紙がたまってこまっているとき、棄てさせてくれた。

［解答欄］

問四　傍線部Ｃ「無言の手紙は夜をうばった」とあるが、この場合どのような内容を指しているか、次の中から最も適当なものを選び、記号で答えなさい。

ア　カーテンのむこうからずうっと見られているような気がして、一晩中手紙が書けなかったこと。

イ　不安の後遺症のために、いろいろな夜の娯楽番組を見ることができなかったこと。

ウ　無言電話のような威圧感があって、こわい夢ばかり見て眠れなかったこと。

エ　一晩中見られているような気がして、くつろいだ夜をすごせなかったこと。

オ　白夜よりも眩しい夜がひと夏つづいたので、手紙を書く時間がなかったこと。

［解答欄］

問五　傍線部Ｅ「ひどくまっすぐ、宙の一点を見ている」娘のしぐさは、どんなことを表しているか、次の中から最も適当なものを選び、記号で答えなさい。

ア　何も分かっていない母親の鈍感さにいらだって、宇宙のことを考えて気をまぎらそうとしている。

イ　いつもは斜めに見つめるのに、きょうは気分がいいので真っすぐ天井の光の方を見ている。
ウ　父親の本当の気持ちを知らない母親に愛想が尽きて、あきれて軽蔑している。
エ　本当の気持ちを伝えるにはいろいろな方法があることに気がつかない母親へのいらだちを表している。
オ　母親は分かっていないらしいが、私の心の中には思っている人がいるというほこらしさを表している。

［解答欄］

問六　傍線部F「直美、あなた、北沢先生に恋してるの？」と聞いた母親は娘のどの言葉によってそのことを確認したか、文中の十文字（句読点を含む）で答えなさい。

［解答欄］

問七　この小説の表題を説明するのにふさわしいキーワードを文中から二か所抜き出し、ひと続きの句（十二文字）に作り替えて答えなさい。

［解答欄］

問八　この小説の主題について述べた次の文章の中から最も適当なものを選び、記号で答えなさい。

ア　中学三年という思春期の微妙な心の揺れを、うかつな母親が自分の体験を通して理解できた。

イ　無言電話の恐怖は今も変わらず、まして白い便箋の無言はもっと威圧感がある。

ウ　空白の便箋に落書きのように返事を書きたい衝動をおさえていたが、あるとき実行できた。

エ　言葉を書かないということは遠回しだが、恋を打ち明けるような意思表示でもある。

オ　言葉が書いてないのは相手を思いやる気持ちが大きいので、恐怖を感じるのは誤解である。

［解答欄］　□

問題7 中村真一郎『夢の復権』（解説は本文122ページ）〈制限時間20分〉

次の文章を読んで、後の問いに答えよ。

いつぞや私は、親しくつき合っている女優の楽屋に坐りこんで、舞台から退場して来て鏡に向い、化粧を落している彼女と、雑談を交していた。

その楽屋には、いつになく人の出入りも少なく、妙にのびやかな時間が漂いはじめていた。

女優は鏡に映る私に向って話しかけながら、指先は慣れた手順で厚く塗った舞台化粧を、拭い去って行く。実際、遠眼には輝くばかりの美貌と見える舞台化粧も、間近に寄って眺めると、奇怪な色彩と光沢との人工的な積み上げによる、グロテスクな産物なのである。

彼女はまず長すぎる、そして大きく反り上った睫毛を外す。それだけで鏡のなかの彼女の眼は、あの舞台での大きく見開いた驚いたような、感情を誇張した表情は失って、普通の世間の人間の眼に戻る。ということはその眼の奥にある彼女の心も、先ほどまでの激情に身を任せていた舞台用の心でなくて、日常の私たちと同じ地平に生きている状態に戻ったということを示していよう。

やがて額からも頬からも、強い色彩が拭い去られて行く。そして最後に、何かのアヒョウシで私の方に振り返って直《じ》かの顔を、眼のまえに突き出した時、驚いたことにはそこには、私が長いつき合いの間に一度も見たことのない、彼女の生まれながらの顔、A素顔があった。

そこには年齢よりも早く疲れて、色の悪くなったイヒフと、人並以上に小さい、おびえたような眼とがあった。

が、彼女は敏感にも私の眼のなかを走った驚きの色を捉えたらしく、そのウ田舎女のようなさえない顔を、さりげない手つきでガーゼで覆うと、手早く普段、人前で見せる化粧顔に仕立てて行った。そうしてガウンから外出用の服に着換えるために立ち上った時、私を見下して艶然と微笑んだ時、そこには私たちBがいつも雑誌のグラビアなどでおなじみの、魅力に満ちた彼女の美貌があった。

もうひとつ、別の女優の話。

彼女とも長いつき合いがあったが、ある時、テレビのロケーションの帰りの彼女と落ち合って、顔を合せた途端、彼女は奇声を発したのである。「あなたはこういう顔をしていたのね……」。私は呆然として彼女のエコガラな、快活な表情の顔を見返していた。

すると彼女は眼に指を当てて、柔らかいコンタクト・レンズを、両眼から取り出した。彼女の半盲に近い近視は有名であったが、私と会う時に眼鏡を掛けることはなかった。だから、長いつき合いの間、私の顔はいつも彼女にとっては漠然とした輪郭のままだったのである。

ところが、今度のテレビの仕事で、車を運転する役なので、はじめて今日、コンタクト・レンズを眼に入れ、そのまま私に会ったので、私の顔もはじめて正確に認識したというわけだった。

「でも、顔がよく見えると落ちつかないわね」

彼女はそう言って、外したレンズを入れものに収めた。そうして、いつものように爽やかな微笑をもって私を見返しているのだが、この大きな魅力的な瞳が、ほとんど私の顔を映しておらず、従って彼女は何とも判らぬ、あるイメージのかたまりに向って、好意ある微笑を投げ与えているのだと思うと、私はいささか平常心を失いかけて来た。

この二つの例によって判るように、他人の顔も自分の顔も、私たちが普段、考えているようには固定的なものではない。私たちは相手の顔も自分の顔も、一定の通念で半ば抽象的なものに観念のなかで仮の姿として記号として固定して、それで通しているのだが、今あげた場合のように現実に目覚めると、忽ちその概念としての顔は流動的なもののなかに溶けて消えてしまう。

と云うことは、顔は心の表現であるのだから、その顔が流動的なものになるということは、その奥にひそむ心がやはり浮動的なものだということである。

つまり人の心を固定的に理解するのに使われる「性格」という観念も、実は怪しいのではないか、という面倒なことになる。

問一　この文章を、内容、構成上三つに分けるとすれば、どこで区切れば良いのか。真ん中の部分の初め五字と終り五字を抜き出して答えよ。

［解答欄］　初め　～　終り

問二　二人の女優の話はそれぞれ何についての話か。順に文章中の語句を抜き出して、それぞれ五字以内で答えよ。

［解答欄］

問三　最初の女優の話の傍線部Aの「素顔」に対応する語句を、二人目の女優の話の中から探して、五字以内で抜き出して答えよ。

［解答欄］

問四 最初の女優の話の傍線部Bの「いつも雑誌のグラビアなどでおなじみの、魅力に満ちた彼女の美貌」に対応する語句を二人目の女優の話の中から探して、二十字以内で抜き出して答えよ。

〔解答欄〕

問五 傍線部ア・イ・エのカタカナを漢字に直せ。同じく傍線部ウ・オの漢字の読みを記せ。

〔解答欄〕 ア　イ　ウ　エ　オ

問題 8 高橋和巳の文（解説は本文134ページ）

＜制限時間25分＞

次の文章を読んで、後の問一～九に答えよ。

昨日も詩を読み、今日も詩を読み、明日も詩を読む。そんなことでどうなるか。こんなことでは生きていけない。(1)文学をするということは、おそらく荒涼たる心を抱いて、その荒涼感を埋めるべくもなく彷徨《さまよ》うことであろう。

正面切って文学に関する論文を書き、あるいは教室で文学史の一齣《ひとこま》を講じたりする際には、そういう荒涼感は一応伏せられる。啓蒙性や作品がはらむ問題の解明が第一義となるからだし、また一種の礼儀上からも教室の中で「枯れすすき」などを歌うわけにもいかない。むろん「枯れすすき」は拙い比喩にすぎないが、文学というものは、それにとらわれ、のめり込めばこむほど、ちょうど酒を飲み続けてどこかしら体がだるく、心空しく、しかもそのだるさや空しさを忘れるためにまた杯を重ねてしまう中毒症状に似てくる。

［　A　］

川端康成氏だったか、齢を重ねたいまも、［ア］自殺を思う、とどこかで洩《も》らしていたが、そういう［イ］要素が確かに〈美〉の創出と享受にはあって、文学を通じての人間の関係は、(2)ひそかな破滅の黙契とも言える。

作者の側から言えば、一陣の風にすら容易に破られる蜘蛛《くも》の巣を、白く透明で毒気に満ちた糸を薄暗い虚空の一角にはりめぐらせ蝶を待つのであり、読者の側から言えば、ただ渇望を教えるだけで解釈を教えない幻の織物を［ウ］と知りつつ身にまとうのである。

社会にはしかし礼儀というものがあり、社会運営の法則もあるから、(3)生身の人間として、文学者同士が、あるいは文学を愛好する者同士が出会っても、実になに気なく挨拶し、世間話をして別れるだけに終るのが普通である。

［　　B　　］

菊池寛がその回想記の中で、自殺を覚悟した親友の(4)芥川龍之介が幾度か［エ］に決別のためにたずねてきたにもかかわらず、彼は忙しくて会う機会を逸し、ちらっと会えた時も、芥川の心中の苦渋を察することができなかったことを悔んでいたが、それは、社会運営上のこととしてはやむをえないことである。人の心の暗闇の部分がかすかながらも交流しあうためには、現実の空気はあまりにも汚れすぎており、あまりにも多くの騒音が満ちすぎており、あまりにも多くの制約がありすぎるからだ。心の暗闇は孤独な蛸壺《たこつぼ》の中から、それ自体がかすかな、かすかな光と化せしめられて、遥かな宇宙の果てまで放射され、それが偶然に一つの小さな星くずにつきあたり、何年かを費してもう一度地上に戻ってくるという［オ］を経なくては、親友・隣人・肉親にすら通じないのである。暗闇にもせよ、(5)純粋なものは塵埃《じんあい》・騒音には耐え得ないのだ。

［　　　C　　　］

ここ数年、いささか［カ］発言することが多く、現在も職業的な研究者兼教壇人として、文学をもっぱら論理的に講ずることで日々の体面をたもっているからか、その体面の持続に反比例して、心中の闇がますます深く救い難いものとなってゆくのを感ずる。アウトサイダー的な位置にあまんじ、正義のためには何事もなさず、夜の巷《ちまた》に沈淪《ちんりん》しているほうが、実は内面的には楽なのであって、精神は規則正しい生活、それ自体が人に認められる職務のうちにかえって荒廃する危険をはらむ。

［　　　D　　　］

そういえば、何故か、近頃私は涙を流さなくなった。むろん大の男が人前でむやみと*歔欷《きょき》したりするのは不様であり、見方によれば、私もやっと［キ］のだとも言えるが、しかし同時に私の内部のなにかが枯れていっているのだという荒涼たる感慨もなくはない。

［　　　E　　　］

この一文を書いている時間は、明日の講義のための準備のわずかな休息期間であるが、明日もまた私は威儀を正して、専攻の中国文学に関してのいささかの認識と文学そのものについての認識を教室で伝えようとする。昨夜、死について、青二才のように考えていたことなどは、受講する学生諸君はおそらく誰も知らないであろう。いや、私自身、齢はすでに青春にはなく、何事かを思いつめたからといって、それを、いままで積みあげてきた生活の重みと安易に交換してしまうつもりはないのであるから、昼には昼の礼儀に従って生き、夜の思いを露出したりすることはないはずである。

いや、時おりは、「学生時代、わたしの涙腺は奇妙に弛緩《しかん》していて、ちょっとした、風景の美しさにすら涙を流したものでした」などという［ク］雑談ぐらいはするかもしれない。しかし、それはあくまで一場の座興、私は何事もなかったように微笑して教壇に立ち、今日も難解な中国の詩文を読み、明日も詩を読み、時に詩について語り、また詩を読むだろう。

(6)こんなことでは、本当は、生きてはいけないのだが。

（注）＊歔欷　すすり泣く、むせび泣く

問一　空欄［ア］〜［ク］について、それぞれ最も適切な語または語句を、次の①〜⑤のうちから選べ。

ア　①　時とあわずやはり　②　時とさとらずなお　③　時としてなお
④　時とともになお　⑤　時となくやはり

イ　①　因業な　②　頑固な　③　強性な　④　巧妙な　⑤　老熟な

ウ　①　自画自讃　②　自縄自縛　③　自暴自棄　④　自忘自失　⑤　自問自答

エ　①　岩波書店　②　改造社　③　講談社　④　中央公論社　⑤　文芸春秋社

オ　①　迂回　②　周回　③　巡回　④　旋回　⑤　転回

カ　①　肩で息をして　②　肩で風を切って　③　肩の荷をおろして
　④　肩を怒らせて　⑤　肩を入れて

キ　①　職務に身を入れられた　②　世間の風が身にしみた　③　平衡感覚を身につけた
　④　身のおきどころをなくした　⑤　若気の至りが身につまされた

ク　①　感覚的な　②　感興的な　③　感激的な　④　感傷的な　⑤　感動的な

［解答欄］

ア	イ	ウ	エ
オ	カ	キ	ク

問二　空欄 A ～ E のいずれかに、「さて、なにを言おうとしたのだったか。」という文が入る。最も適切な箇所を、次の①～⑤の中から選べ。

①　A　②　B　③　C　④　D　⑤　E

［解答欄］

問三　傍線部(1)の「文学をするということ」の内容として、作者が言いたいことは何か、次の①～⑤の中から最も適切なものを選べ。

①　研究者兼教壇人の生活の重み　②　心の暗闇の部分の交流　③　酒飲みの中毒症状
④　青春時代に思いつめた自殺　⑤　文学作品の論理的な解明

［解答欄］

問四　傍線部(2)の「ひそかな破滅の黙契」を暗示しない語句を、次の①～⑤の中から選べ。

①　一陣の風　②　薄暗い虚空の一角　③　蜘蛛の巣
④　毒気に満ちた糸　⑤　幻の織物

［解答欄］

問五　傍線部(3)の「生身の人間」でないものを、次の①～⑤の中から選べ。

①　菊池寛をたずねた芥川龍之介　②　教室の学生　③　出版社にいた菊池寛
④　研究者兼教壇人としての作者　⑤　幻の織物を身にまとう読者

［解答欄］

問六　傍線部(4)の作家の作品でないものを、次の①～⑤の中から選べ。

①「或阿呆の一生」　②「恩讐の彼方に」　③「侏儒の言葉」

④「西方の人」　⑤「歯車」

[解答欄]

問七　傍線部(5)の「純粋なもの」でないものを、次の①～⑤の中から選べ。

①　宇宙の果て　②　蛸壺　③　地上　④　光　⑤　星くず

[解答欄]

問八　傍線部(6)の「こんなことでは、本当は、生きてはいけない」という文の内容として、最も適切なものを、次の①～⑤の中から選べ。

①　作者は、詩を読んでばかりいたのでは、世に認められなくなるのではと、あせっている。

②　作者は、青春時代の純粋な感受性をとりもどすためには、社会の礼儀を無視してもよいと決意している。

③　作者は、難解な中国文学の教育が続けられず、自殺しようとさえ思いつめている。

④　作者は、文学の教育と創作を両立させられず、思い悩んでいる。

⑤　作者は、文学をすることは、社会の法則からはずれてしまうことだと警告している。

［解答欄］

問九　この文章の表題として、最も適切なものを、次の①～⑤の中から選べ。

①　作家の自殺　②　社会の礼儀　③　青春時代の純粋さ
④　文学の苦しみ　⑤　難しい中国の詩文

［解答欄］

問題9 陳舜臣『弥縫録』（解説は本文148ページ）

＜制限時間20分＞

次のA・B二つの文章を読み、後の設問に答えよ。（設問の都合上、一部訓点を省いた箇所がある。）

A　[1]楚人有*鬻*楯与矛者。誉《メテ》レ之《ヲ》曰《ハク》、「吾《ガ》楯之《の》堅《キコト》、[2]莫二能陥一也。」又誉《メテ》二其《ノ》矛《ヲ》一曰《ハク》、「吾《ガ》矛之利《キコト》、[3]於レ物無レ不レ陥也。」或《ルヒト》曰《ハク》、「以《ッテ》二子之矛《ヲ》一、陥《サバ》二子之楯《ヲ》一[4]何如。」其《ノ》人弗《ざル》レ[5]能《ハ》レ応《フル》也。

B　矛盾ということばのいわれは、誰でも知っているだろう。読んで字のごとく矛《ほこ》と盾《たて》とは両立しない。両立させようとすると、「矛盾」の状態になるのである。出典は[6]『韓非子』である。――

　楚の人で、矛と盾を売る者がいた。まず自分の売る盾の強さを宣伝して、「私の盾の堅さときたら、どんなもので突いてもつらぬけないぞ」と言いながら、こんどは矛を取り出すと、「私のこの矛のするどさときたら、どんなものでもつらぬけないものはないぞ」と自慢した。それをきいたある人が、

「じゃ、あんたのその矛で、あんたのその盾を突いてみたらどうなりますかな？」
と言った。

——其の人、応《こた》うる能わざりき。

という結果になったのはいうまでもない。

当時、鉄の産地として知られていた宛《えん》（河南省南陽）は、楚の国に属していた。

——宛の小矛は蜂の針の如し

といわれたほど、するどい武器をつくっていたのである。楚は黄金の国でもあった。それは砂金を熔《と》かすのだが、それに含まれる砂鉄は、純度の高い良質の鋼鉄となるものなのだ。楚の武器が天下に有名であったのはとうぜんであろう。だから、このエピソードの武器商人も楚の人となっている。

黄金や鋼鉄を産し、精強な将兵を擁しながら、楚がついには秦の始皇帝に敗れたのは、君主の失政がおもな理由であった。楚の懐王は、有能な屈原を追放し、張儀の謀略にひっかかり、秦の捕虜となってしまった。

矛盾のエピソードを著作のなかに述べた韓非子は、戦国末期の思想家であった。彼は「法家」として知られている。儒家は人間主義的な聖王による統治を唱えていたが、韓非子などの法家は、それに対して7法治主義を唱えたのである。

聖王もけっこうだが、人間である以上、寿命が尽きるときがくる。そうすればどうなるのか？　後継者が楚の懐王のように暗愚であるかもしれない。お先まっ暗ではないか。人間である君主に頼らずに、法律や行政機構を整備し、それで国政を運営すべきであるというのが、韓非子の考えであった。

「矛盾」のエピソードがあまりにも有名になったが、韓非子は自分の説をわかりやすくするために、これを説明的につけたのである。

では、彼が言いたかったのはなにか？　この「矛盾」とならべた話のほうであった。

堯《ぎょう》・舜《しゅん》といえば、伝説の聖王である。舜は堯のもとで大臣をつとめ、堯亡きあとその後継者となった。聖王が*禅譲によってつづいた、というのが儒家の説であった。

大臣時代の舜の業績として、こういうことが言われている。——当時、農民は田地を奪い合い、漁民は漁場の縄張り争いをしていたが、舜が行くと争いはしずまった。職人は粗悪品を造っていたが、舜が行くと良くなった。……こんな話をする儒家に、ある人が訊《き》いた。

——そのとき堯はなにであったか？

——そりゃ、聖天子だったのじゃ。

——聖人の徳は化すといって、人民は聖天子に感化されると、あんた方は説いていますな。聖天子の堯の時代に、なぜ人民は喧嘩ばかりして、職人は粗悪品を造ったのかね？

堯が聖人なら、舜の事蹟は否定され、舜が聖人なら、堯の聖人説は否定される。

二人とも聖人だったというのは「矛盾」である。韓非子が流行させたかったことばは、「矛盾」ではなく、「堯舜」だったにちがいない。

注　鬻＝「ひさぐ」。売る。　楯＝「盾」と同じ。
禅譲＝天子が世襲によらず、徳のある者に位を譲ること。

問一　傍線1は「楚人に楯と矛とを鬻ぐ者有り。」とよむ。どのように返り点を施したらよいか。左の文に付した番号の所に入る返り点を、後から選び記号で答えよ。（記号は何回使ってもよい。ゼロは返り点がない意。）

楚①　人②　有③　鬻④　楯⑤　与⑥　矛⑦　者⑧。

A　一　B　二　C　三　D　レ　E　㆑　F　上

G　中　H　下　I　甲　J　乙　K　丙　L　ゼロ

［解答欄］

①	②	③	④

⑤	⑥	⑦	⑧

問二　傍線2を全文ひらがな（現代かなづかいでもよい）で書き下せ。

［解答欄］

問三　傍線3について、次の1～3の問いに答えよ。

1　全文ひらがなで書き下すとしたら、次のいずれが適当か。記号で答えよ。

ア　ものにおいてとほすことなしや。
イ　ものにおいてとほすことなからんや。
ウ　ものにおいてとほすことなからずや。
エ　ものにおいてとほさざるなしや。
オ　ものにおいてとほさざるなきなり。
カ　ものにおいてとほさざることなからずや。
キ　ものにおいてとほさざることなからざらんや。

2　この意味をB文中から抜き出し、最初と最後の三字（句読点を含まず）を記せ。

3　ここで用いられている句法は何か。次の中から選び、記号で答えよ。

ア　疑問　イ　反語　ウ　受身　エ　使役　オ　全否定
カ　部分否定　キ　二重否定　ク　比較　ケ　抑揚

［解答欄］　1　　2　最初　～　最後　　3

問四　傍線4〜6のよみを記せ。

［解答欄］　4 ＿＿　5 ＿＿　6 ＿＿

問五　『韓非子』には、「矛盾」のエピソードの後に「賞罰は必ずこれを行はしむ。」「程（＝きまり）に中る者は賞し、程に中らざる者は誅す（＝罰する）。」とある。これを参考に、傍線7「法治主義」の、ここでの具体的内容を漢字四字の熟語で記せ。

［解答欄］　□□□□

問六　「矛盾」のエピソードを引くことによって、①韓非子が直接否定したもの、②最終的に否定したかったものは何か。次の空欄に入る語をB文中から抜き出せ。

①［1］が堯・舜を理想的な［2］であるとしたこと。

②［1］が唱えた、為政者の［3］の感化による人民の統治。

［解答欄］　1 ＿＿　2 ＿＿　3 ＿＿

問七　B文中より、韓非子が説いた法治主義の利点を十五字以内で述べよ。

［解答欄］　□□□□□□□□□□□□□□□

問題10 若城希伊子『光源氏の世界』（解説は本文158ページ）＜制限時間20分＞

次の文章を読んで、後の問いに答えよ。

さて、光源氏と紫の上との結婚生活はこうして晩年を迎えた。当時の人びとの人生観の根には、今世に生きる人間の罪をいかにして乗り越えるかがあり、出家することが一つの救いであったようだ。

紫の上はたびたび光源氏に出家の望みを訴えるが、源氏はその時は一緒に、という想いがあって、それをゆるさない。源氏もまたあの須磨・明石の前に出家を希《ねが》っているが、さまざまの事情がそれを阻んでいた。

年老いるにつけ、紫の上は心の奥底から個の悩みが衝きあげてくるのを感じていた。三十七歳を迎え、日ましにからだの弱るのを感じている紫の上である。源氏は今年は長寿の祈りを念を入れてするようにとすすめ、今さらのように自分たちふたりの過去について語った。

「みづからは、幼《をさな》くより人に異《こと》なるさまにて、ことごとしく生《お》ひ出でて、今の世のおぼえありさま、来《き》し方《かた》に類《たぐひ》すくなくなんありける。[A]、また、世にすぐれて悲しき目を見る方も、人にはまさりけりかし。まづは思ふ人にさまざまおくれ、ハ残りとまれる齢《よはひ》の末《すゑ》にも、飽《あ》かず悲しと思ふこと多く、あぢきなくさるまじきことにつけても、あやしくもの思はしく、心に飽かずおぼゆることそひにたる身にて過ぎぬれば、それにかへてや、思ひしほどよりは、今までも長らふるならんとなん、ニ思ひ知らるる。君の御身には、注aかの一ふしの別れより、あなたこなた、もの思ひとて心乱《みだ》りたまふばかりのことあらじとなん思ふ。后《きさき》といひ、ましてそれより次々《つぎつぎ》は、やんごとなき人といへど、みな必ず安《やす》からぬもの思ひそふわざなり。高き交《まじら》ひにつけても心乱れ、人に争ふ思ひのホ絶えぬも安げなきを、ヘ親の窓の内ながら過ぐしたまへるやうなる、心安きことはなし。その方は、人にすぐれたりける宿世とはト思し知るや。思ひの外《ほか》に、注bこの宮のかく渡りものしたまへるこそは、なま苦しかるべけれど、それにつけては、いとど加《くは》ふるチ心ざしのほどを、御みづからの上《うへ》なれば、思し知らずやあらん。ものの心も深く知りたまふめれば、さりともとなん思ふ」

こう語り出した源氏に思いがけず紫の上は次のように答えた。

「リ宣ふやうに、ものはかなき身には過ぎにたるよそのおぼえはあらめど、心にたへぬもの嘆かしさのみうちそふや、さはみづからの祈りなりける」

というのである。心の奥底から衝きあげてくるような B とは、彼女の原罪感覚としか、いいようがない。どんなに光源氏から豊かな愛をそそがれていようと、そのこととは別に、紫の上はいい知れぬ孤独を感じる女人であった。人間として、個の存在として、彼女は源氏から孤立したところで、じっと自己の存在の心の奥を見つめて生きていた、ということであろうか。

その孤独の原点に、業深き身の自覚がある。だからこそ、そこから解脱の道を求めねばならない。彼女の出家への希いが切実なものとして訴えられる。

千年以前の文化の香り高い平安の世に生きた人の到達し得た悟りへの道を、紫の上が私たちに知らせる。人間の孤独は、理想的と思われる夫婦のなかでもいやおうもなくそのひとりひとりに訪れる。どんな時代にも、どんなところででも、そのことに変わりはなく、自己をみつめる目が深ければ深いだけに、存在そのものの淋しさは限りないものになる。

注a…かの一ふしの別れ＝須磨下りの際の別離。
注b…この宮のかく渡りものしたまへる＝女三宮の光源氏へのご降嫁。

問一　空欄Aを埋めるのに最も適当と思われるものを、次の1～5から選べ。

1　然れば　　2　されど　　3　なほ　　4　をさをさ　　5　さらば

［解答欄］

問二　空欄Bを埋めるのに最も適当と思われる語句を、本文に引用された『源氏物語』の中から抜き出し、解答欄に書け。

［解答欄］

問三　傍線部イ・ロの口語訳として最も適当と思われるものを、次の1～5からそれぞれ選べ。

イ…1　覚書　2　記憶　3　感覚　4　評判　5　地位

ロ…1　いろいろ時機を失い
2　いろいろな点で劣り
3　いろいろと気おくれして
4　つぎつぎ贈り届け
5　つぎつぎと先立たれ

［解答欄］　イ　　ロ

問四　傍線部ハ・ホと同じ用法と思われるものを、次の1～5からそれぞれ選べ。

ハ…1　かの大納言はいづれの船にか乗らるべき
2　けふは京のみぞ思ひやらるる。
3　よろづの心づかひせらるれ。

4　立てる人どもは装束の清らなること、物に似ず。

5　さるわざする船もなし。

ホ…1　嘆きつつひとりぬる夜のあくるまはいかに久しきものとかは知る

2　山川に風のかけたるしがらみは流れもあへぬもみぢなりけり

3　秋来ぬと目にはさやかに見えねども風の音にぞおどろかれぬる

4　恋しとはたがなづけけむ事ならむ死ぬとぞただにいふべかりける

5　たえぬるかかげだにあらばとふべきをかたみのみづはみくさゐにけり

〔解答欄〕ハ［　］　ホ［　］

問五　傍線部ニの「なん」の「結び」の語と思われるものを、次の1～5から選べ。

1　思ひ知らるる　2　知らるる　3　らるる　4　るる　5　る

〔解答欄〕［　］

問六　傍線部へ・チは誰のようすや心を言っているのか。次の1～5からそれぞれ選べ。

1　后　2　光源氏　3　紫の上　4　親　5　女三の宮

〔解答欄〕へ［　］　チ［　］

問七 傍線部ト・リの読みをひらがなで解答欄に書け。

〔解答欄〕 ト ［　　］ リ ［　　］

問八 次にあげた1〜5の物語の中に『源氏物語』とジャンル（種類）を異にするものが、二つある。次の1〜5からそれらを選べ。

1 落窪物語　2 狭衣物語　3 大和物語　4 栄花物語　5 宇津保物語

〔解答欄〕 ［　　］・［　　］

問九 光源氏の「語った」内容を二つに分けるとすれば、どこで区切るのが最も適当か。後半部分の冒頭四字を抜き出し、解答欄に書け。

〔解答欄〕 ［　　　　］

問十 本文に引用された『源氏物語』の論旨と一致するものを、次の1〜5から選べ。

1 光源氏は自分のように天下の品高き人でさえ思うに任せないことが多いのに、紫の上の人生は実に恵まれていると思っている。

2　光源氏は若い頃苦しいことのみ多かったが、幸いにも今では幸運と栄華に彩られ、さらにその永続を願ってやまない。

3　光源氏は若い頃から今日に至るまでの苦悩の連続により強固な心が培われ、今では悟りの境地にまで高められている。

4　光源氏は紫の上の真実の苦しみに比べれば、自分の不幸は高貴な者の交りの中では当然のことと思っている。

5　光源氏は孤独な人生を歩んできたが、その悲しみを嘆くよりもむしろ宿世に身を任せるよりほかに術がないとあきらめている。

［解答欄］

Suiohsha